€ 15,29   / 29.90

ALLGEMEINE MUSIKLEHRE

DACHS-SÖHNER

SCHRIFTEN ZUR MUSIKLEHRE

KÖSEL-VERLAG MÜNCHEN

PAUL SÖHNER

ALLGEMEINE MUSIKLEHRE

*Für den Schulgebrauch
und zum Selbstunterricht*

KÖSEL-VERLAG MÜNCHEN

ISBN 3-466-30017-7

10. Auflage 1999, 46.–47. Tausend
© 1979 by Kösel-Verlag GmbH & Co., München. Printed in Germany
Druck und Bindung: Kösel, Kempten

INHALT

5

VORWORT

Die Allgemeine Musiklehre von Michael Dachs wurde völlig neu bearbeitet und dabei wesentlich erweitert. Neu sind — abgesehen von vielen anderen Ergänzungen — folgende Abschnitte: Die geschichtliche Entwicklung, Die Kirchentonarten und andere Tonleitern, Das Taktieren, Verzierungen des Barocks, Raumakustik, Tonsysteme und Stimmungen, Besetzung, Kurze Formenlehre.

Der Zweck dieses Büchleins ist es, einerseits dem Musikschüler die notwendigen Vorkenntnisse für das Studium der Harmonielehre[1]) zu vermitteln, andererseits dem Musikliebhaber die wichtigsten musikalischen Grundbegriffe aufzuzeigen und ihm dadurch die Aneignung einer musikalischen Allgemeinbildung zu ermöglichen. Da diese Allgemeine Musiklehre leicht verständlich geschrieben ist, kann sie sowohl in der Schule wie beim Selbstunterricht verwendet werden.

Paul Söhner

---

[1]) Im gleichen Verlag ist erschienen: Dachs-Söhner, Harmonielehre (2 Bände).

Die Notenschrift

TONBUCHSTABEN UND LINIENSYSTEM

Zur Bezeichnung von Tönen oder Tonstufen werden schon seit dem zehnten Jahrhundert, also schon seit tausend Jahren, die ersten sieben Buchstaben des Alphabets[1]) gebraucht:

a   b   c   d   e   f   g

Diese Buchstabenreihe hatte ursprünglich die Bedeutung einer D u r t o n l e i t e r und wurde bei der Instrumentalmusik (Orgel) verwendet. Bereits im frühen Mittelalter (zuerst bei Odo von Cluny † 942) wurden diese Buchstaben dem altgriechischen Tonsystem angeglichen und im Sinne einer M o l l t o n l e i t e r aufgefaßt. Dadurch erhielt der Ton a die Stellung, die er in unserem heutigen Tonsystem hat. Halbtonschritte waren nun e—f und b—c; denn der Buchstabe b entsprach unserem heutigen h.[2])

Die Beschränkung auf d i e s i e b e n e r s t e n B u c h s t a b e n des Alphabets geht wahrscheinlich auf einen alten Brauch zurück, der mit den Orgeln aus Byzanz nach dem Abendland kam. Bekanntlich galt bei den Byzantinern wie bei anderen alten Völkern die Zahl sieben als heilige und vollkommene Zahl.[3])

Seit dem sechzehnten Jahrhundert wird der Buchstabe b durch h, den achten Buchstaben des Alphabets, ersetzt. Die Stammtonreihe lautet nun:

a   h   c   d   e   f   g

Dieser Buchstabenwechsel erklärt sich folgendermaßen: Der Ton b konnte als einziger Ton erniedrigt werden. Er wurde darum in doppelter Form geschrieben, nämlich als b quadratum ♮ und als b rotundum ♭; letzterer Ton war um einen Halbton erniedrigt. Dadurch, daß die Drucktype ♮ für das b quadratum verwendet wurde, kam der Buchstabe h in unsere Stammreihe.

Bereits 1512 bei Arnold Schlick[4]) und endgültig bei Michael Prätorius[5]) (um 1600), also seit der Zeit, da die Tasteninstrumente (Orgel, Cembalo, Clavichord)[6])

---

[1]) Das wichtigste methodische Hilfsmittel beim Musikunterricht in den mittelalterlichen Klosterschulen war das Monochord, das heißt wörtlich „Einsaiter". Es war ein Musikinstrument, bei dem nur eine Saite über einen Resonanzkörper gespannt war und dessen Steg verschoben werden konnte. Schon im zehnten Jahrhundert war es üblich, „die Buchstaben oder Noten, welche die Musiker gebrauchen, auf einer Linie, die sich unter der Saite (des Monochords) befindet, der Reihe nach aufzuzeichnen". *(Literae vel notae, quibus musici utuntur, in linea quae est sub chorda, per ordinem positae sunt.)*

[2]) Siehe nächsten Absatz.

[3]) Sieben Planeten, sieben Wochentage, siebensaitige Lyra der Griechen; im Kult der christlichen Kirche: sieben Sakramente, sieben Gaben des Heiligen Geistes, sieben Gebetsstunden usf.

[4]) Organist, gestorben nach 1527.

[5]) Komponist und Musikschriftsteller (1571—1621).

[6]) Siehe unten S. 100.

9

eine beherrschende Stellung in der praktischen Musikübung einnehmen, wird die Reihe der Stammtöne, wie es noch heute üblich ist, mit dem Ton c begonnen:

c   d   e   f   g   a   h

Diese Stammtonreihe kann auf den Tasteninstrumenten mit lauter weißen Tasten gespielt werden. Sie stellt die einfachste Tonart, die C-Tonleiter, dar.

Das Steigen und Fallen der Töne wird anschaulicher Weise dargestellt auf einem Liniensystem. [1]) Es besteht aus fünf waagrechten, gleich weit voneinander entfernten Linien. Jede Linie und jeder Zwischenraum bezeichnen eine Tonstufe. Man schreitet stufenweise von einer Linie zum Zwischenraum fort. Linien und Zwischenräume werden von unten nach oben gezählt.

Liniensystem   Linien   Zwischenräume   Noten auf den Linien

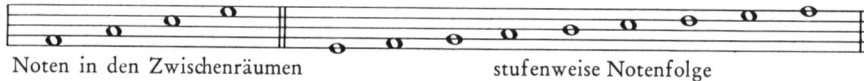

Noten in den Zwischenräumen   stufenweise Notenfolge

[1]) Vergleiche die graphische Darstellung einer Fieberkurve auf einem ähnlichen Koordinatensystem:

hoch
↑
tief
früher ———→ später

Die senkrechte Achse zeigt die Höhe, die waagrechte Achse das zeitliche Nacheinander an.

DIE SCHLÜSSEL

Violin- und Baßschlüssel

Um Name und Höhe der im Liniensystem stehenden Noten klarzustellen, um einen „Schlüssel" zum richtigen Notenlesen zu geben, wurde früher an den Anfang einer Notenlinie ein Buchstabe gesetzt. Die ältesten Schlüsselbuchstaben sind c und f. Diese geben den genauen Standort von c oder f an. Von da aus kann dann auch die Lage der übrigen Töne bestimmt werden, da die Reihenfolge der Stammtöne bleibt und sich nicht ändert.

Schon ums Jahr 1300 gehörte auch der Buchstabe g zu den „üblichen Schlüsseln". Die Entwicklung dieses Schlüsselbuchstabens zu der heute üblichen Form ist aus folgendem Beispiel zu ersehen.

Der g-Schlüssel heißt auch Violinschlüssel, weil er bei Kompositionen für Violine gebraucht wird. Mit seiner Schleife umschließt er die zweite Linie, welche dadurch zur g-Linie wird; jede Note auf dieser Linie heißt g. Mit dieser Fixierung des Tones g ist auch der Standort der übrigen Töne gegeben. Die Note im zweiten Zwischenraum muß dann a sein, die Note auf der dritten Linie h usf.

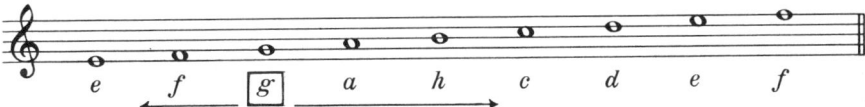

Wird noch je eine Note unter und über das System gesetzt, so erhält man insgesamt 11 Tonstufen.

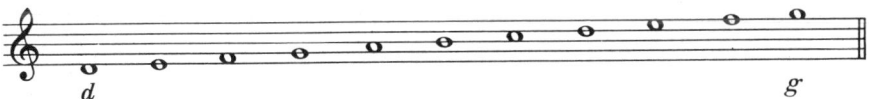

Wenn noch höhere oder tiefere Töne geschrieben werden sollen, so erweitert man das Liniensystem nach oben und nach unten durch Hilfslinien. Das sind kurze Querstriche, die untereinander den gleichen Abstand haben wie die Linien des Systems.

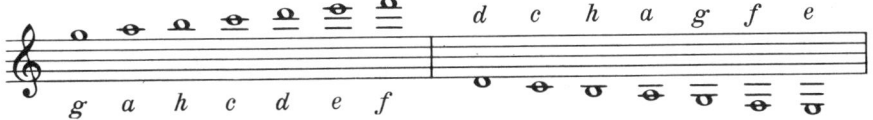

Außer dem Violinschlüssel wird meistens der B a ß - o d e r f - S c h l ü s s e l verwendet. Er ist aus dem Buchstaben F entstanden und hat nach mannigfachen Veränderungen seine jetzige Gestalt gefunden:

Der Baßschlüssel steht immer auf der vierten Linie, die dadurch zur f-Linie wird:

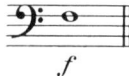

Dieser Ton ist gleich mit der folgenden im Violinschlüssel geschriebenen Note:

Beim Violinschlüssel steht also das f auf der dritten H i l f s l i n i e unter dem System, beim Baßschlüssel auf der vierten L i n i e. Daraus ist leicht abzusehen, daß der f-Schlüssel sich zur Darstellung der tiefen Töne eignet: zur Notierung der tiefen Männerstimme (des Basses), außerdem der unteren Lagen des Klaviers, der Orgel und anderer tief klingenden Instrumente. Davon kommt sein Name.

Wenn auf der vierten Linie das f steht, dann läßt sich die Lage der anderen Töne ebenso wie beim Violinschlüssel leicht bestimmen:

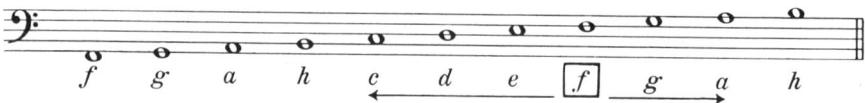

In der selben Weise wie beim Violinschlüssel kann das Liniensystem mit dem vorgezeichneten Baßschlüssel nach oben und unten erweitert werden durch H i l f s - l i n i e n:

Das folgende Beispiel zeigt gleiche Töne, die aber mit den beiden Schlüsseln verschieden notiert sind. Beachte, daß die Note c im Violinschlüssel eine Hilfslinie u n t e r dem System und im Baßschlüssel eine Hilfslinie ü b e r dem System aufweist:

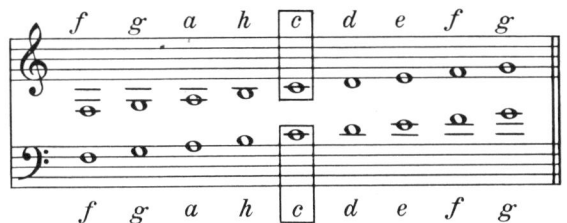

Allzuviele Hilfslinien erschweren die Lesbarkeit. Darum gebraucht man das sogenannte Oktavzeichen (8va............).[1]) Es zeigt an, daß alle Töne eine Oktave höher gespielt werden sollen, als sie geschrieben sind.

Notation:

Klang:

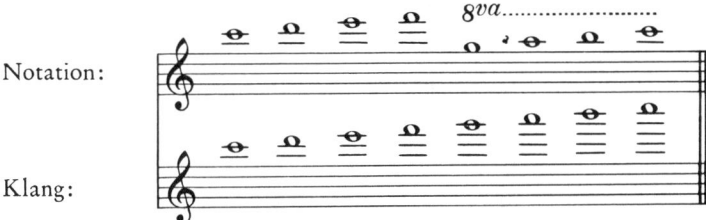

Ebenso kann man das Oktavzeichen für sehr tiefe Töne verwenden. In diesem Falle wird meist noch „bassa" hinzugefügt und 8$^{va\ bassa}$ geschrieben[2]).

Notation:

Klang:

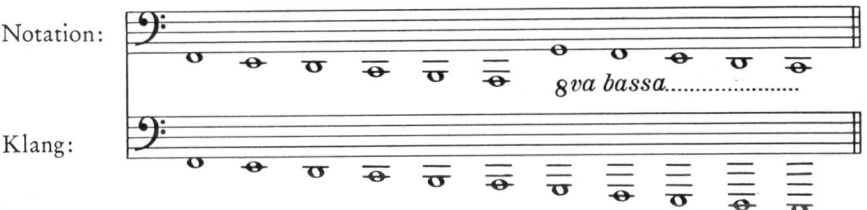

Wo die dem Oktavzeichen beigefügte Wellenlinie endigt, sind die Noten wieder in der gewöhnlichen Weise zu lesen. Bisweilen wird der Wiedereintritt der normalen Lesart durch das Wörtchen „loco" (das heißt: am Ort, am gewöhnlichen Platz) eigens kenntlich gemacht.

[1]) Die Oktav heißt italienisch *ottava*.

[2]) Vom italienischen Eigenschaftswort *basso* = tief.

Die alten Schlüssel

In der Chorliteratur, hauptsächlich in der alten Kirchenmusik wurden früher und werden auch heute noch die sogenannten alten Schlüssel verwendet. Die alten Meister gebrauchten neben dem f-Schlüssel vor allem den c-Schlüssel.[1]) Die heutige Form des c-Schlüssels hat sich aus dem Buchstaben c entwickelt:

Im Druck erscheint er in folgender Gestalt: ▨, in der Schrift als ▨

Je nach der verschiedenen Stellung im Liniensystem unterscheidet man den

Sopran-, Mezzosopran-, Alt- und Tenorschlüssel

Die Notenlinie, welche der c-Schlüssel umschließt, wird zur c-Linie; dies bedeutet, daß sich auf dieser Linie das c befindet. Der Sopranschlüssel umschließt die erste Linie, der Mezzosopranschlüssel die zweite Linie, der Altschlüssel die dritte Linie und der Tenorschlüssel die vierte Linie:

Sopranschlüssel	Mezzosopranschlüssel	Altschlüssel	Tenorschlüssel

Der Schlüssel wird für die Stimmgattungen verschieden gesetzt, damit keine Hilfslinien nötig werden. Dabei gilt die Regel: Je höher die Stimme, desto tiefer der Schlüssel.

Der Mezzosopranschlüssel kommt nur selten vor; denn der gemischte Chor setzt sich für gewöhnlich zusammen aus Sopran, Alt, Tenor und Baß. Dieser Vierstimmigkeit entsprechen die Schlüssel, wie aus folgendem Beispiel zu ersehen ist.

„Adoramus te Christe" von Roselli (um 1550)

Sopr.

Alt

Ten.

Baß

[1]) Der g-Schlüssel, der ebenfalls sehr alt ist und aus dem dreizehnten Jahrhundert stammt, kam erst um die Wende des achtzehnten Jahrhunderts zum neunzehnten allgemein in Verwendung und wird seither auch bei a cappella-Werken (mehrstimmigen Gesängen ohne instrumentale Begleitung) benützt.

In moderner Notation:

Sopr.
Alt

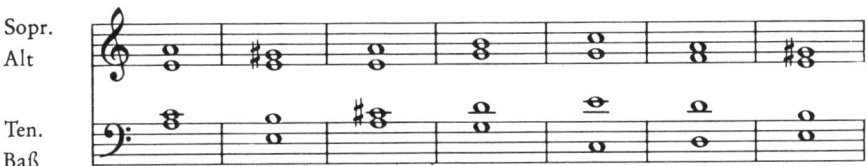

Ten.
Baß

Im Verhältnis zum Violinschlüssel ist der Sopranschlüssel eine Terz, der Alt-schlüssel eine Septim und der Tenorschlüssel eine Non tiefer zu lesen.

Manche alte Schlüssel werden auch in der Instrumentalmusik verwendet: der Altschlüssel für die Viola und der Tenorschlüssel für das Violoncello.

Um der Vollständigkeit willen sei noch erwähnt, daß auch der f-Schlüssel auf verschiedene Linien gesetzt werden kann. Wenn er auf der vierten Linie steht, erscheint er als der allgemein übliche Baß-Schlüssel; auf der dritten Linie wird er zum Baritonschlüssel, und auf der fünften Linie zum Kontrabaß-Schlüssel.

Baßschlüssel   Baritonschlüssel   Kontrabaßschlüssel

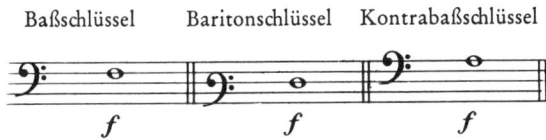

Da die Baritonstimme höher liegt als der Baß, steht der Schlüssel tiefer. Umgekehrt liegt der Tonumfang des Kontrabasses tiefer; darum steht der Schlüssel höher. Ausnahmsweise kommt der Baritonschlüssel in der alten Chorliteratur vor.

Der g-Schlüssel wurde im siebzehnten Jahrhundert auch auf die erste Linie gestellt und diente zur Notation von Violinstücken. Er wird französischer Violin-schlüssel genannt.

TONBEZIRKE (OKTAVEN)

Die Stammtonreihe hat sieben Töne. Vom achten Ton an wird die Reihe wiederholt. Der achte Ton, welcher mit dem ersten gleichlautet, erscheint zugleich als Schluß der ersten und als Anfang der zweiten, gleichgebauten Tonfolge; wir empfinden die zweite Tonreihe als Wiederholung der ersten. Den achten Ton nennt man „Oktav". Man versteht unter Oktav aber auch alle Tonstufen, die zwischen einem Ton und seiner höheren oder tieferen Wiederholung liegen.

Da die Tonbuchstaben, mit denen die Töne benannt werden, sich immer wiederholen, sind unterscheidende Bezeichnungen für die einzelnen Oktaven und Tonstufen notwendig. Es ist nun allgemein üblich, vom Ton c ausgehend, folgende Oktaven zu unterscheiden:

Subkontra-, Kontra- große, kleine,

ein-, zwei-, drei-, vier- und fünfgestrichene Oktav.

Nach diesen Bezeichnungen werden auch die einzelnen Töne, die im Raum einer solchen Oktav liegen, benannt. Für die drei tiefen Oktaven benützt man große Buchstaben, unter die man bei der Kontra-Oktav einen Querstrich und bei der Subkontra-Oktav zwei Querstriche beizufügen pflegt:

$$\underline{\underline{A}}, \quad \underline{C}, \quad C.$$

Bei den höheren Oktaven werden die Querstriche über die kleinen Buchstaben geschrieben:

$$d, \quad \bar{e}, \quad \bar{\bar{c}}, \quad \bar{\bar{\bar{a}}}, \quad \bar{\bar{\bar{c}}}.$$

Statt der Schreibung mit Querstrichen, die der Oktaven-Benennung entspricht, kann man auch kleine Zahlen oder hochgestellte Striche den Buchstaben beifügen:

$$A_2 \text{ oder } A'', \, c^3 \text{ oder } c'''.$$

Auf der nächsten Seite folgt noch eine Übersicht über die Tonbezirke, die in der heutigen Musikübung gebräuchlich sind. Die Darstellung zeigt zugleich den Umfang eines modernen Flügels.

Einteilung und Benennung der Oktavenbezirke sind entstanden aus der deutschen Orgeltabulatur, bei der zunächst die Unterstimme und manchmal auch die Mittelstimme, später (seit Ammerbach 1571) alle Stimmen mit Buchstaben geschrieben wurden. Schon Odo von Cluny († 942) gebraucht für die tiefere Oktav große und für die höhere Oktav kleine Buchstaben. In Paumanns „Fundamentum" (um 1450) wird bereits die höhere Oktav durch einen waagrechten Strich über dem Buchstaben gekennzeichnet, und bei Virdung (1511) ist die tiefe Oktav mit einem Strich unter dem Buchstaben versehen. Bei dem Leipziger Thomasorganisten Ammerbach ist die heutige Markierung der Oktaven bereits durchgeführt: große, kleine, ein-, zwei-, dreigestrichene Oktav.

Subkontra-Oktav | Kontra-Oktav | große Oktav

8va bassa

A H | C D E F G A H | C D E F G A H

kleine Oktav | eingestrichene Oktav | zweigestrichene Oktav

c d e f g a h | c̄ d̄ ē f̄ ḡ ā h̄ | c̿ d̿ e̿ f̿ g̿ a̿ h̿

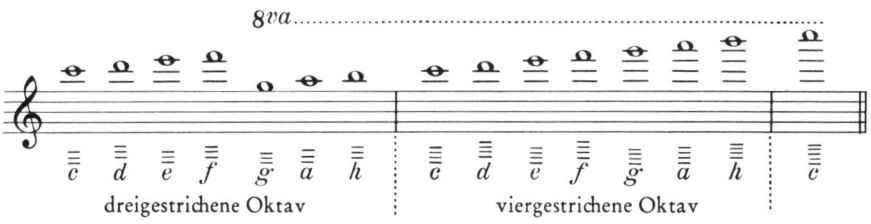

8va

c̿ d̿ e̿ f̿ g̿ a̿ h̿ | c d e f g a h | c

dreigestrichene Oktav | viergestrichene Oktav

ZUR GESCHICHTLICHEN ENTWICKLUNG

Vor dieser heute üblichen Notation war die Neumenschrift allgemein verbreitet. Die Neumen dienten zur Aufzeichnung der gregorianischen Choralgesänge und haben mit unserer Notation wenig Verwandtschaft; denn ihre Entstehung leitet sich her von den Akzenten der Grammatiker und den Handbewegungen, mit denen der Leiter eines Chores das Auf- und Absteigen einer Melodie nachzeichnet (Cheironomie). Die wesentlichen Zeichen der Neumennotation sind folgende:

Zeichen	Name	Bedeutung
/	Virga	ein melodisch höherer Ton
—	Virga jacens	ein melodisch tieferer Ton
.	Punctum	ein kurzer Ton
∪ √	Pes oder Podatus	zwei Töne (tief-hoch)
∩	Clivis oder Flexa	zwei Töne (hoch-tief)
∫	Torculus	drei Töne (tief-hoch-tief)
⌐/	Flexa resupina	drei Töne (hoch-tief-hoch)
/	Scandicus	drei Töne (tief-hoch-höher)
/.	Climacus .	drei Töne (hoch-tief-tiefer)

Bei den lateinischen Neumen ist eine genaue Angabe der Intervalle nicht möglich. Sie geben wohl die Richtung der Bewegung, aber nicht deren genaue Weite an. Beim Pes zum Beispiel ist nicht ersichtlich, ob der zweite Ton eine Sekund, Terz, Quart oder Quint höher ist. Durch die mündliche Überlieferung mußte ergänzt werden, was der Neumenschrift mangelte. Darum sind die Klagen nicht verstummt, daß es bei dieser Tonschrift keine Sicherheit gebe. Die Neumennotation war zwar anschaulich, aber nicht eindeutig.[1]

Der große Reformator, der diesen Mißstand beseitigte, war Guido von Arezzo († 1050). Ihm gelang es, die Neumenschrift zu ergänzen und zu vollenden durch die Einführung seines Liniensystems. Es besteht aus vier Linien, wobei auch in den drei Zwischenräumen je ein Ton notiert wird, und aus den Schlüsselbuchstaben c und f, die immer am Anfang des Liniensystems stehen. Die f-Linie ist rot, die c-Linie gelb gefärbt.

Diese auf ein Liniensystem geschriebenen Neumen waren für jedermann nach kurzer Erklärung lesbar und verständlich. Guido selbst schildert in seiner „Epistola de ignoto cantu" den Eindruck und Erfolg, den er bei Papst Johann XIX. mit seinem neuartig geschriebenen Antiphonar im Jahre 1027 hatte. Der Papst konnte nach kurzer Unterweisung eine ihm vorher unbekannte Melodie zu seiner Überraschung fehlerlos absingen. Kein Wunder, wenn Guido in späteren Zeiten geradezu als „Erfinder der Musik" *(inventor musices)* gepriesen wurde; denn durch die Einführung seines Liniensystems hat er die Grundlage für die heutige Choral- und Mensuralnotation geschaffen. Seit dem dreizehnten Jahrhundert ist das Vierliniensystem typisch für die Gregorianik und das Fünfliniensystem für die Mehrstimmigkeit.[2]

---

[1] Dagegen ist eine Buchstabennotation, wie sie bei der altgriechischen Vokalmusik verwendet wurde, zwar eindeutig, aber nicht anschaulich für den Sänger.

[2] Ein Anonymus aus Paris (Ende des dreizehnten Jahrhunderts) schreibt: *Notatores solebant in cantu ecclesiastico semper ... quatuor regulas regulare; sed nota, quod organistae utuntur ... quinque regulis.* „Die Schreiber pflegten beim kirchlichen Gesang (Choral) immer vier Linien zu ziehen; doch beachte, daß die Organisten fünf Linien verwenden." Unter „Organisten" sind Leonin und Perotin, die Komponisten der sogenannten Organa, zu verstehen. Die Organa dieser Pariser Meister zählen zu den ersten bedeutenden Denkmälern der beginnenden Mehrstimmigkeit.

Die Tonschritte

VERSETZUNGSZEICHEN. DIATONISCHE, CHROMATISCHE
UND ENHARMONISCHE TÖNE

Wie schon oben vermerkt, kann die Stammtonreihe mit den weißen Tasten des
Klaviers gespielt werden; denn die Stammton-Namen entsprechen der weißen Tastatur. Die schwarzen Tasten dagegen haben keine eigenen Tonbuchstaben. Ihre Benennung wird abgeleitet von den Haupt- oder Stammtönen. Darum heißen diese
Zwischenstufen oder Zwischentöne auch a b g e l e i t e t e Töne.

Beim A u f w ä r t s s c h r e i t e n wird die auf den Ton c folgende schwarze Taste
von c abgeleitet. Dies kommt in der Benennung dadurch zum Ausdruck, daß der
Buchstabe des Stammtones c auch für diese Zwischenstufe gebraucht und ihm die
Silbe is angehängt wird; die schwarze Taste heißt also cis. In der schriftlichen Darstellung wird der Stammnote ein K r e u z (♯) als E r h ö h u n g s z e i c h e n vorgesetzt. Auf die gleiche Weise können die anderen Stammtöne erhöht werden:

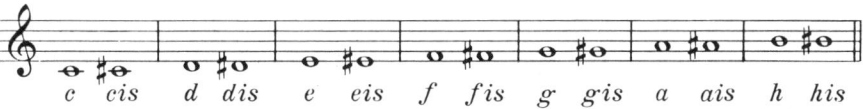

c   cis   d   dis   e   eis   f   fis   g   gis   a   ais   h   his

Beim Abwärtsschreiten werden die Zwischenstufen ebenso von den Grundstufen
abgeleitet. Dabei gebraucht man a l s E r n i e d r i g u n g s z e i c h e n d a s Be (♭),
und dem Stammton-Buchstaben wird die Silbe es beigefügt:

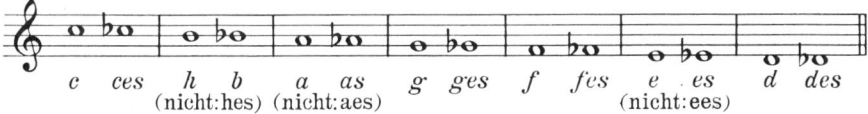

c   ces   h   b   a   as   g   ges   f   fes   e   es   d   des
   (nicht:hes) (nicht:aes)   (nicht:ees)

Beim Violinspiel zeigt sich diese Ableitung der Zwischentöne anschaulich und klar; denn
der Violinspieler greift die abgeleiteten Töne grundsätzlich mit dem gleichen Finger wie
die betreffenden Stammtöne: also cis, wie c, b wie h usf.

Die Hauptstufen können nicht nur einfach, sondern auch doppelt erhöht oder
erniedrigt werden. Bei der doppelten Erhöhung wird das Doppelkreuz (⤫) gebraucht und bei der doppelten Erniedrigung das Doppel-Be (♭♭); den Stammton-
Namen werden die Silben isis beziehungsweise eses (außer bei as) angehängt:

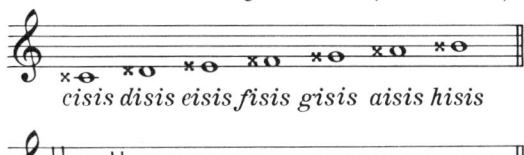

cisis disis eisis fisis gisis aisis hisis

ceses heses asas geses feses eses deses
(nicht: bebe)(nicht:ases)

19

Wenn eine einfache Erhöhung oder Erniedrigung rückgängig gemacht werden soll, dann wird das Auflösungszeichen oder der Auflöser (♮) vor die betreffende Note gesetzt:

Soll eine doppelte Erhöhung oder Erniedrigung rückgängig gemacht werden, so wird dies durch ein doppeltes Auflösungszeichen (♮♮) angezeigt. Wenn eine doppelte Erhöhung nur mehr einfach gelten soll, wird ein Auflöser und ein Kreuz (♮♯) angewendet; soll aus einer doppelten Erniedrigung eine einfache werden, setzt man einen Auflöser und ein Be (♮♭).

Durch diese Zeichen (♯♭♮) werden die Grundstufen verändert oder versetzt; darum nennt man das Kreuz, das Be und den Auflöser Versetzungszeichen.[1]

Die Geltung eines jeden Versetzungszeichens erstreckt sich auf den Takt, in dem es steht[2]); durch ein Auflösungszeichen jedoch kann die Versetzung ganz aufgehoben werden:

Wenn die Töne verschiedene Stammton-Buchstaben aufweisen (c—d, e—f), so sind diese Töne und die Tonfolge diatonisch. Folgen zwei verschieden hohe Töne einander, deren Namen den gleichen Stammton-Buchstaben zeigen (c—cis, a—as), dann ergibt sich eine chromatische Tonfolge; cis, as sind chromatische Töne.

Auf dem Klavier werden cis—des, dis—es, fis—ges, gis—as, ais—b, also je zwei verschiedene Töne, mit der gleichen Taste gespielt. Töne, die auf den Tasteninstrumenten (Klavier und Orgel) gleich klingen, aber verschieden benannt und geschrieben werden, nennt man enharmonische oder enharmonisch gleiche Töne.[3]

Es folgt nun eine Übersicht der enharmonisch möglichen Töne. Daraus ist klar zu ersehen, daß auf jeder Taste drei enharmonisch gleiche Töne gespielt werden können mit Ausnahme der zwischen g und a liegenden Obertaste, die nur zwei enharmonische Töne wiedergeben kann.

[1]) Die Versetzungszeichen nannte man früher Akzidentien, das heißt „hinzukommende", also zu den Stammtönen kommende Zeichen. Das ♭ ist aus dem b rotundum, das ♯ und ♮ aus dem b quadratum entstanden.

[2]) Diese Regel ist in der Notation erst seit etwa 1700 üblich. Vorher mußte jedes Versetzungszeichen — ausgenommen Tonwiederholungen — immer neu geschrieben werden.

[3]) Aus der musikalischen Logik (Denkrichtigkeit) ergibt sich, wann cis oder des, c oder his, f oder eis usf. geschrieben werden muß.

Es werden also 35 Töne (7 Stammtöne, einfach erhöht und erniedrigt, doppelt erhöht und erniedrigt = 5 × 7) durch die 12 Tasten wiedergegeben. Die Vielfalt des wirklichen Tonbereiches ist dadurch sehr vereinfacht; denn die enharmonischen Töne sind in akustisch-physikalischer Beziehung[1]) verschieden, wenn sie auch auf unseren Tasteninstrumenten klanglich gleich sind.

Die Ausdrücke diatonisch, chromatisch und enharmonisch sind aus der Musiktheorie der Antike entlehnt. Unter diatonischen[2]) Tönen verstanden die alten Griechen ebenso wie wir ein Weiterschreiten von einem Tonbuchstaben zum anderen. Die Kithara, ein Saiteninstrument, das in der praktischen Musikpflege die Hauptrolle spielte, war an sich diatonisch gestimmt. Um Zwischentöne spielen zu können, mußte man einzelne Saiten umstimmen. Diese Umstimmungen wurden Umfärbungen oder Färbungen[3]) genannt. Daher erklärt sich das Wort „chromatisch".

Der innere Sinn, den die Griechen mit diesem Ausdruck „chromatisch" verbanden, war aber verschieden von dem in der heutigen Musiklehre üblichen Begriff. Und ebenso verhält es sich mit dem Worte „enharmonisch"[4]), das in der Antike eine ganz andere Bedeutung hatte.

GANZE UND HALBE TÖNE

Die Entfernung der einzelnen Stammtöne voneinander ist aus der Notierung nicht ersichtlich. Aber auffallend ist, daß auf der Tastatur des Klaviers und der Orgel zwischen e—f und h—c schwarze Tasten fehlen. Ferner muß der Violinspieler bei e—f und h—c die Finger enger stellen als bei c—d, d—e, f—g, g—a und a—h.

Die Stammtöne sind also nicht gleich weit voneinander entfernt. Zwischen e—f und h—c beträgt die Distanz einen halben und zwischen den übrigen Nachbarstufen einen ganzen Ton.

[1]) Siehe Akustik unten S. 87.

[2]) Wörtlich „durch die Saiten" der Kithara, wenn diese (Normalstimmung a g f e) nacheinander gezupft werden.

[3]) chroma ist das griechische Wort für Farbe.

[4]) Das Wort kommt vom griechischen Eigenschaftswort enarmonios = übereinstimmend.

Die beiden Halbtöne sind diatonisch; denn die Tonbuchstaben sind verschieden.

Ein Halbtonverhältnis erlangt man auch durch einfache chromatische Erhöhung oder Erniedrigung eines Tones:

Die Halbtöne im letzteren Beispiel sind chromatisch; denn der Tonbuchstabe ist gleich.

Werden zwei Töne, deren Abstand einen Ganzton ausmacht, gleichzeitig erhöht oder erniedrigt, so bleibt selbstverständlich diese Ganztondistanz bestehen:

Ein diatonischer Halbton kann zu einem Ganzton erweitert werden durch chromatische Erhöhung des oberen Tones oder durch Erniedrigung des unteren Tones:

In unserem Musiksystem ist die Oktav in zwölf Halbtöne geteilt; kleinere als Halbtonschritte werden in der akkordisch-mehrstimmigen Musik nicht gebraucht.[1]) Bei nur einstimmigem Musizieren, bei reiner Melodie ohne latente harmonische Grundlage können dagegen auch kleinere Tonstufen sehr wohl zur Verwendung kommen. So wies d a s e n h a r m o n i s c h e S y s t e m d e r a l t e n G r i e c h e n Vierteltöne auf; der große griechische Philosoph Aristoteles († 322 v. Chr.) bezeichnet als kleinste musikalische Maßeinheit den Viertelton. Die i n d i s c h e T o n l e i t e r hat in der Oktav 22 Stufen (Vierteltöne). In der a r a b i s c h - i s l a m i s c h e n M u s i k t h e o r i e wird die Oktav in 17 Stufen (Dritteltöne) geteilt.

Der umgekehrte Fall, daß größere Tonstufen als unser Halbton verwendet werden, ist zwar seltener, aber er kommt vor: Auf der Insel Java ist die Salendroleiter gebräuchlich, deren Oktav in fünf gleiche Stufen geteilt ist; eine Stufe hat also die Größe von nicht ganz zweieinhalb Halbtönen.

[1]) Versuche, auch bei uns der Vierteltonmusik Eingang zu verschaffen, blieben erfolglos: Mayer, Möllendorf (Vierteltonharmonium), Haba (Harmonielehre 1927).

Die Tonleitern

DIE C-DURTONLEITER

Wenn die Stammtöne einander leiterförmig folgen, wobei der erste Stammton auf der achten Stufe wiederholt wird, nennt man diese Erscheinung Tonleiter oder Skala.[1]

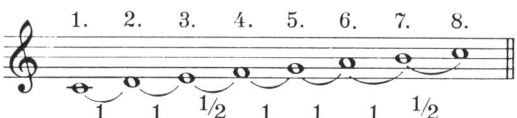

Der erste Ton der Tonleiter, mit dem sie nicht nur beginnt, sondern auf dem sie auch aufgebaut ist, heißt Grundton. Die einzelnen Töne werden als Stufen bezeichnet.

Nach der Lage der Halbtöne unterscheidet man verschiedene Arten von Tonleitern. Die oben wiedergegebene Tonleiter zeigt Halbtöne von der dritten zur vierten und von der siebenten zur achten Stufe; zwischen den anderen Stufen (1.—2., 2.—3., 4.—5., 5.—6., 6.—7.) sind lauter Ganztöne. Eine so gestaltete Leiter wird Durtonleiter[2] genannt. Weil sie auf dem Ton c errichtet ist, heißt sie C-Durtonleiter.

Der letzte Ton der Leiter, der mit dem ersten gleich ist, wird nicht nur als Wiederholung empfunden, sondern vor allem als Ziel- und Endton[3] der die Leiter durchflutenden Bewegung.

Der vorletzte Ton der Leiter, die 7. Stufe, wird Leitton genannt. Die Spannung, die beim Aufwärtsschreiten aus der Ruhe des Grundtones entstanden ist, hat im Leitton ihren Höhepunkt erreicht. Sie drängt notwendigerweise zur Lösung: Der Leitton „leitet" unbedingt zum Endton, der die Entspannung bringt und damit zur Ruhe des Anfangs zurückführt.[4]

Die Durtonleiter besteht aus zwei Viertonreihen oder Tetrachorden:[5]

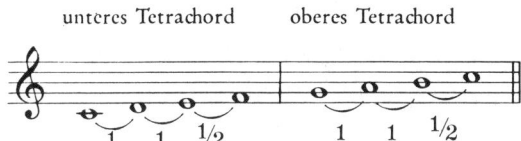

unteres Tetrachord   oberes Tetrachord

---

[1] Vom italienischen Wort *scala* = Leiter.

[2] Über die Bezeichnungen Dur und Moll vergleiche Dachs-Söhner, Harmonielehre Band I, Seite 146.

[3] Das Mittelalter hat dafür den treffenden Ausdruck Finalis (Endton) geprägt. Siehe Dachs-Söhner, Harmonielehre Band II, S. 96 ff.

[4] Im Französischen wird der Leitton als *note sensible* (empfindlicher Ton) oder als *note caractéristique* (charakteristischer Ton) bezeichnet; im Englischen als *leading note* (führender Ton).

[5] Tetrachord wörtlich „Viersaiter"; die Kithara hatte ursprünglich vier Saiten.

Beide Tetrachorde zeigen die gleiche Folge von zwei Ganztönen und einem Halbton (1 1 ¹/₂). Sie sind also gleich gebaut, und ihre Ecktöne — im unteren Tetrachord c und f, im oberen g und c — bilden die Grundtöne der drei Hauptdreiklänge.[1]

Die dorische Skala in der altgriechischen Musik besteht ebenfalls aus zwei Tetrachorden. Wie in unserer modernen Durtonleiter bemerken wir in jedem Tetrachord zwei Ganztöne und einen Halbton. Im Gegensatz zu unserer Tonleiter, die aufwärts strebt, schreitet die dorische Tonleiter der Antike abwärts.

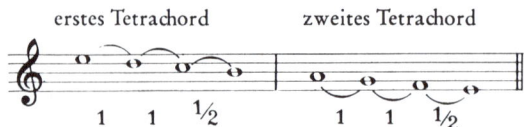

Diese antike Tetrachordlehre wurde im hohen Mittelalter von Guido von Arezzo († 1050) ersetzt durch seine Hexachordlehre, also die Lehre von der Sechstonreihe.[2] Dem schon vor ihm existierenden Hymnus auf Johannes den Täufer hat er die Notennamen für das Hexachord (ut, re, mi, fa, sol, la) entnommen; sie bilden die ersten Silben jeder Verszeile.[3]

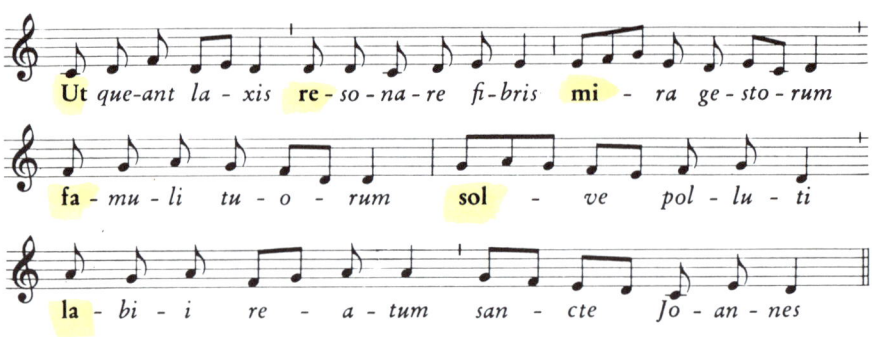

Die Hexachordlehre spielte in der Gesangsmethodik des Mittelalters eine große Rolle. Dabei lernten die Schüler vor allem den Unterschied zwischen Ganz- und Halbton. Letzterer lag immer zwischen mi und fa:

[1] Siehe Dachs-Söhner, Harmonielehre Bd. I, Seite 4.

[2] Vorbild für das Hexachord war die sechssaitige Lyra, ein weltliches Instrument, das wie die anderen Musikinstrumente des Mittelalters in Dur gestimmt war. Diese Aufnahme von profanen Elementen in die mittelalterliche Musiktheorie war außerordentlich befruchtend für den kirchlichen Gesang.

[3] Um die choralische Rhythmik nicht zu verfälschen, mußte der Hymnus in bisher unbekannten Noten (Achteln und Vierteln) geschrieben werden. Über diese Notenwerte siehe unten S. 51 ff.

Gegen Ende des sechzehnten Jahrhunderts wurde noch die Silbe *si* angefügt, und dadurch das Hexachord zur Oktav ergänzt. Der holsteinische Kantor Otto Gibelius hat im siebzehnten Jahrhundert die ursprüngliche Silbe ut durch das sangbarere und klangvollere do ersetzt.

Diese Notennamen des Mittelalters werden S o l m i s a t i o n s s i l b e n oder Guidonische Silben genannt. In den romanischen Ländern (Italien, Frankreich, Spanien, Portugal) werden zur Tonbenennung nicht Buchstaben, sondern diese Solmisationssilben verwendet:

ut (do)   re   mi fa   sol   la   si ut (do)

Diese Guidonischen Silben werden mit zwei kleinen Veränderungen auch in der verbreiteten Tonika-Do-Methode gebraucht:

do   re   mi - fa   *so*   la   *ti*   do

DIE DURTONLEITERN MIT KREUZ-VORZEICHEN

Im vorigen Abschnitt haben wir die Gestalt der C-Durtonleiter kennen gelernt. Diese Leiter über c kann nun in analoger Weise auch über jedem anderen Ton errichtet werden. Beim Bau einer solchen Durleiter schlagen wir am besten folgenden Weg ein:

Das obere Tetrachord der C-Durtonleiter macht man zum unteren einer neuen Leiter, die dann mit g beginnt, und fügt ein neues oberes Tetrachord hinzu. Der Ton f muß zu fis erhöht werden, damit der Halbton von der siebten zur achten Stufe nicht fehlt und ein Leitton entsteht.

C-Dur

G-Dur
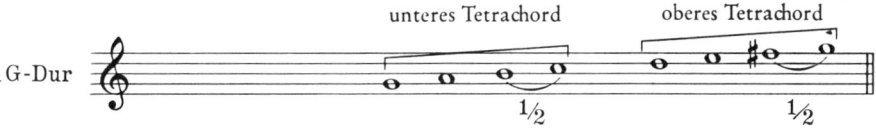

Die mit dieser Methode gefundene neue Leiter hat den Grundton g und heißt darum G-Durtonleiter.

In gleicher Weise läßt sich aus dieser letzteren die D-Durtonleiter, aus ihr wiederum die A-Durtonleiter usf. entwickeln.

Cis-dur hat die selben Notenstufen wie C-dur; nur sind alle um einen Halbton versetzt.

Um die Notierung möglichst einfach und übersichtlich zu halten, schreibt man die Versetzungszeichen nicht, wie im obigen Beispiel, vor die einzelnen Noten, sondern setzt sie an den Anfang des Notensystems unmittelbar hinter den Schlüssel. Beim Violinschlüssel stehen sie in der zweigestrichenen und beim Baßschlüssel in der kleinen Oktav, ihre Geltung erstreckt sich aber auf alle Oktaven. Diese Regel ist aus dem folgenden Beispiel, in dem die Versetzungszeichen in der zwei- und die erhöhten Noten in der eingestrichenen Oktav sich befinden, klar zu sehen.

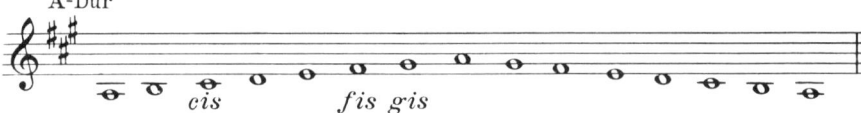

Da die Versetzungszeichen immer *vor* den Noten — sei es am Zeilenanfang oder direkt vor einer Note — stehen müssen, werden sie auch V o r z e i c h e n genannt.

Die Vorzeichen werden immer in der Reihenfolge eingetragen, die sich bei der oben gezeigten Entwicklung der Tonleitern ergab.

Im Baßschlüssel

Die Durtonleitern mit Kreuz-Vorzeichen heißen also:

G-, D-, A-, E-, H-, Fis- und Cis-dur.

Wir haben oben bei jeder neuen Tonleiter immer die siebente Stufe erhöht und einen neuen Leitton erhalten. Daraus ergibt sich die Reihenfolge der Vorzeichen:

fis, cis, gis, dis, ais, eis, his.

DIE DURTONLEITERN MIT BE-VORZEICHEN

Im Gegensatz zu dem im vorigen Abschnitt angewandten Verfahren kann man auch das untere Tetrachord der C-Durtonleiter zum oberen einer neuen Leiter machen, die durch ein zweites Tetrachord noch ergänzt wird. Das untere Tetrachord von C-dur endet mit f, also endet und beginnt auch die neue Tonleiter mit f. Um den Halbton zwischen der dritten und vierten Stufe in der neuen F-dur Tonleiter zu gewinnen, muß der Ton h zu b erniedrigt werden.

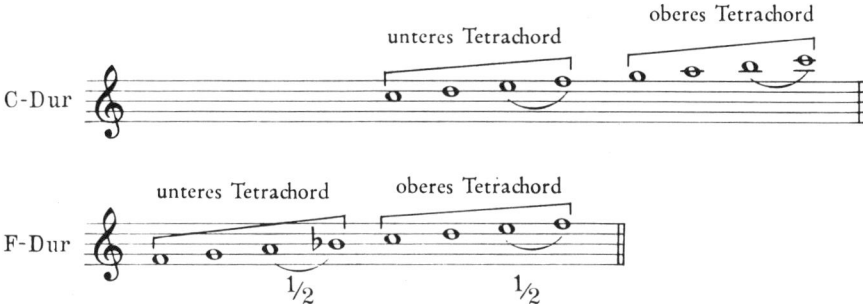

Ebenso werden auch die anderen Tonleitern bis zu sieben vorgezeichneten Be abgeleitet:

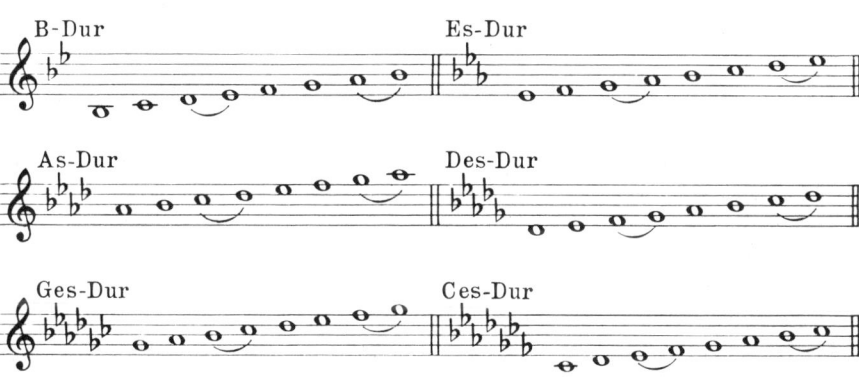

Es folgen die Vorzeichen im Baßschlüssel:

Die Durtonleitern mit Be-Vorzeichen lauten also:

F-, B-, Es-, As-, Des-, Ges- und Ces-dur. Da die vierte Stufe in jeder Tonleiter erniedrigt werden mußte, ergibt sich folgende Reihenfolge der Vorzeichen:

b, es, as, des, ges, ces und fes.

Da alle Durtonleitern gleiche Stufenverhältnisse aufweisen, stellen sie nur Transpositionen[1]) (Höhenverschiebungen) der C-Durtonleiter dar.

Die durch die Vorzeichnung hergestellten Halbtöne betrachtet man als natürliche oder diatonische — der Halbton gis-a in A-dur entspricht dem Halbton *h—c* in C-dur, *g-as* in Es-dur entspricht *e—f* in C-dur.

Theoretisch könnte der Kreis der Tonarten noch erweitert werden bis zu Durtonleitern mit zwölf vorgezeichneten Kreuz oder Be[2]). Für die Praxis sind aber diese Tonleitern nicht brauchbar. Schon die Durtonleitern mit sieben Kreuz und sieben Be, Cis- und Ces-dur, kommen in unserer praktischen Musik selten vor.

Die durch eine Tonleiter in Erscheinung tretende musikalische Einheit wird Tonart[3]) genannt. Wie die C-Durtonleiter die Tonart C-dur ausdrückt, so die F-Durtonleiter die Tonart F-dur, so die G-Durtonleiter die Tonart G-dur usf. Es ist üblich, die Durtonarten mit großen Buchstaben zu bezeichnen.

DIE REINE ODER ÄOLISCHE MOLLTONLEITER

Die reine Molltonleiter ist identisch mit der alten äolischen Kirchentonart.[4]) Diese hat den Ton a als Grundton oder Finalis und erstreckt sich von a bis ā.

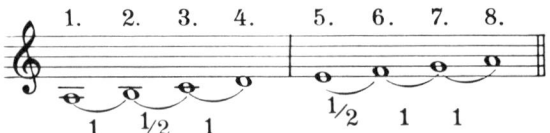

Wie die C-Durtonleiter hat diese reine Molltonleiter keine Vorzeichnung und besteht aus lauter Stammtönen. Die Stammtonreihe wird aber im Gegensatz zur C-Durtonleiter eine kleine Terz tiefer mit dem Stammton a begonnen. In ihrer Struktur weicht die Molltonleiter wesentlich von der Durtonleiter ab. Die Halbtöne sind anders gelagert: von der zweiten zur dritten und von der fünften zur sechsten Stufe. Dadurch sind die beiden Tetrachorde nicht symmetrisch gebaut: 1, 1/2, 1 und 1/2, 1, 1. Besonders auffallend ist das Fehlen des Leittones auf der siebenten Stufe.

Weil die reine Molltonleiter mit der C-Durtonleiter in Terzen parallel läuft, sagt man: a-moll[5]) ist die parallele Molltonart oder die Mollparallele von C-dur. Die parallele Molltonart liegt immer eine kleine Terz tiefer als die dazugehörige Durtonart. Die Mollparallele von G-dur ist demnach e-moll, von D-dur h-moll, von F-dur d-moll, von B-dur g-moll usf.

---

[1]) Vom lateinischen Zeitwort *transponere* = (an einen anderen Ort) versetzen.

[2]) Siehe unten S. 34.

[3]) Eine genaue Umschreibung des Begriffs ist erst in der Harmonielehre möglich (Bd. I, S. 5 ff. und 14).

[4]) Der Schweizer Glareanus hat zuerst die äolische Tonart theoretisch festgelegt in seinem Dodekachordon (1547). Über die Kirchenarten vergleiche unten S. 35 f.
Die reine Molltonleiter führt auch den Namen natürliche Molltonleiter, weil in ihr keine künstlichen Erhöhungen vorkommen.

[5]) Es ist üblich, die Molltonarten mit kleinen Buchstaben zu schreiben.

Mollparallele von G-dur:	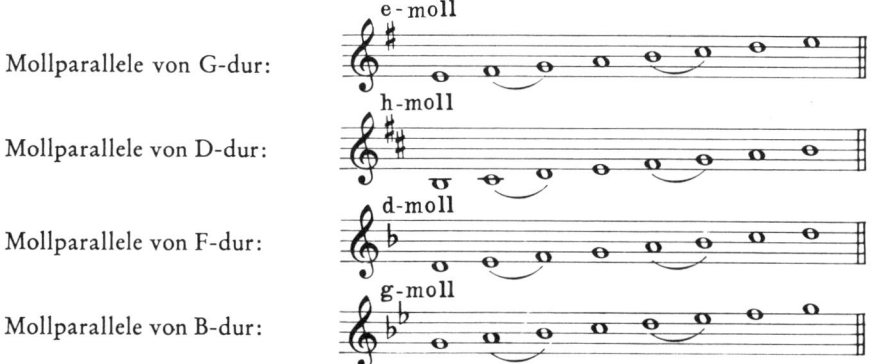
Mollparallele von D-dur:	
Mollparallele von F-dur:	
Mollparallele von B-dur:	

Die Zusammengehörigkeit paralleler Tonarten kommt schon äußerlich dadurch zum Ausdruck, daß beide die gleiche Vorzeichnung haben (vergleiche folgende Tabelle).

Paralleltonarten

mit Kreuz-Vorzeichnung				mit B-Vorzeichnung		
Dur	Vorzeichen	Moll		Dur	Vorzeichen	Moll
C	—	a		C	—	a
G	1 ♯	e		F	1 ♭	d
D	2 ♯	h		B	2 ♭	g
A	3 ♯	fis		Es	3 ♭	c
E	4 ♯	cis		As	4 ♭	f
H	5 ♯	gis		Des	5 ♭	b
Fis	6 ♯	dis		Ges	6 ♭	es
Cis	7 ♯	ais		Ces	7 ♭	as

DIE HARMONISCHE MOLLTONLEITER

Wenn in die reine Molltonleiter analog der Durtonleiter durch Erhöhung der siebenten Stufe der Leitton eingeführt wird, dann wird sie in der so veränderten Form harmonische Molltonleiter[1] genannt.

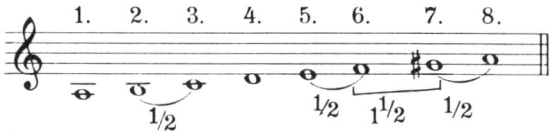

[1] Diese Molltonleiter wird „harmonisch" genannt, weil ihre Töne auch in den Harmonien oder Akkorden der Molltonart vorkommen (Harmonielehre Bd. I, S. 9 ff.).

29

In dieser Molltonleiter bemerken wir drei Halbtöne; diese liegen zwischen den Stufen: 2—3, 5—6 und 7—8. Die sechste Stufe ist von der siebenten getrennt durch den Abstand von eineinhalb Tönen (übermäßige Sekunde)[1]; der siebente Ton strebt aufwärts und der sechste Ton abwärts. Darum kann diese Leiter melodisch nicht gebraucht werden.[2]

Das zur Erhöhung der siebenten Stufe nötige chromatische Zeichen wird nur der betreffenden Note vorgesetzt, aber nicht in die Vorzeichnung eingetragen. Vergleiche die folgenden harmonischen Molltonleitern:

e-moll harmonisch   h-moll harmonisch

fis-moll harmonisch   cis-moll harmonisch

gis-moll harmonisch

d-moll harmonisch   g-moll harmonisch

c-moll harmonisch   f-moll harmonisch

b-moll harmonisch   es-moll harmonisch

[1] Vergleiche dazu unten S. 41.

[2] Eine natürliche Melodiebildung würde sich erst durch künstliche Einfügung eines Lösungstones ergeben:

NB

DIE MELODISCHE MOLLTONLEITER

Wie im vorigen Abschnitt ausgeführt wurde, ist die harmonische Molltonleiter wegen der übermäßigen Sekund unsanglich und darum für die Melodiebildung unbrauchbar. Um diese Störung zu beseitigen, pflegt man mit der siebenten zugleich auch die sechste Stufe zu erhöhen:

1.	2.	3.	4.	5.	6.	7.	8.
a	h	c	d	e	fis	gis	ā

Diese Molltonleiter unterscheidet sich von der A-Durtonleiter nur durch den einzigen Ton c. Um den Mollcharakter wieder herzustellen „muß man beim Absteigen die sechste Stufe wiederum erniedrigen und von der siebenten Stufe ebenfalls die Erhöhung wegnehmen".[1] Dann kommt die reine Molltonleiter zum Vorschein:

8.	7.	6.	5.	4.	3.	2.	1.
ā	g	f	e	d	c	h	a

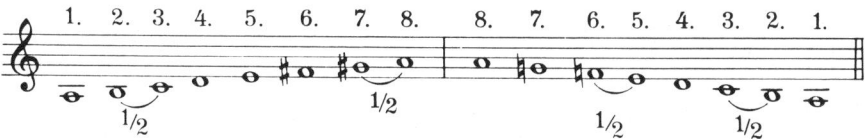

Diese Molltonleiter wird m e l o d i s c h genannt, weil sie sanglicher und melodischer ist als die harmonische. In der Vorzeichnung werden die zufälligen Versetzungszeichen nicht vermerkt. Vergleiche die folgenden melodischen Tonleitern:

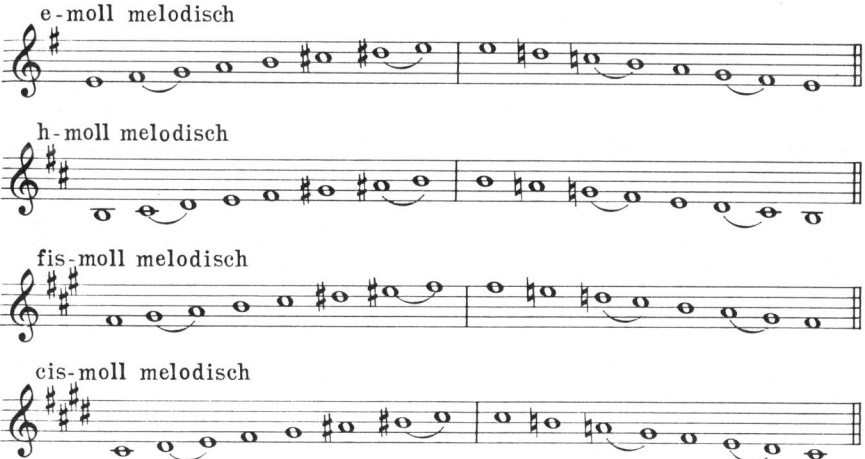

[1] Zitat aus dem „Traité d'harmonie" 1722 von Rameau.

Dur- und Molltonarten, die mit dem gleichen Grundton beginnen, zum Beispiel C-dur und c-moll, nennt man gleichnamige Tonarten oder Varianten[1]). Dur und Moll sind Tongeschlechter.

Die melodische Molltonleiter ist älter als die harmonische. Rameau, ein französischer Komponist und Theoretiker, hat sie in seinem Werk „Traité d'harmonie" 1722 als erster theoretisch festgelegt, nachdem sie bereits geraume Zeit vorher in der musikalischen Praxis heimisch war.

Die harmonische Molltonleiter hingegen wurde zwar schon 1766 von Linigke aufgestellt; aber es war ein früher und vereinzelter Versuch. Sulzer, der Verfasser der „Allgemeinen Theorie der schönen Künste" 1798, kennt die harmonische Tonleiter noch nicht. Erst im Laufe des neunzehnten Jahrhunderts vermochte sie sich durchzusetzen.

[1]) Vom lateinischen Eigenschaftswort *varius* = verschieden.

DIE CHROMATISCHE TONLEITER

Wenn in einer Dur- oder Molltonleiter die Ganztonstufen durch lauter Halbtonschritte ersetzt werden, so entsteht eine Halbtonreihe, die sogenannte chromatische Tonleiter. Für ihre Schreibweise gilt die Grundregel: aufwärts werden Erhöhungen (♯) und abwärts Erniedrigungen (♭) angewendet; dabei werden Töne vermieden, die von der betreffenden Tonart aus zu weit entfernt und darum schwerverständlich sind[1]). In C-dur wird die chromatische Tonleiter so geschrieben:

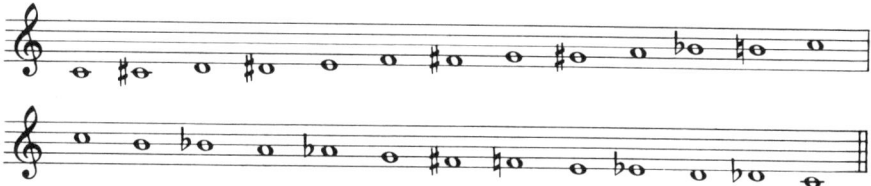

Aufwärts wird der Ton ais gemieden und durch b ersetzt, weil H-dur von C-dur weit abliegt und b (von F-dur) verständlicher ist. Der gleiche Grund gilt abwärts für fis, das an Stelle von ges steht; fis (G-dur) kann leichter begriffen werden als ges (Des-dur).

Eine weitere Regel lautet: die diatonischen oder natürlichen Halbtöne einer Tonart, die sich aus der Vorzeichnung ergeben, bleiben bei der chromatischen Tonleiter gewahrt. So werden also in c-moll die Töne b, es und as nicht verändert:

auf- und abwärts gleich

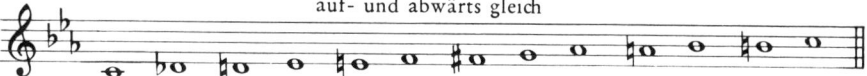

Aufwärts ist die Erhöhung der vierten Stufe (fis) selbstverständlich; aber auch abwärts wird sie beibehalten, weil fis (Leitton im harmonischen g-moll) tonartlich näher liegt als ges. Aus dem gleichen Grund wird aufwärts nicht c-cis, sondern c-des geschrieben; denn der Ton des ist sechste Stufe in der nächstgelegenen Tonart f-moll.

DER QUINTENZIRKEL
UND DIE VERWANDTSCHAFT DER TONARTEN

Die Tonarten, die von C aus entwickelt wurden, haben immer den gleichen Abstand; denn die Grundtöne der sich folgenden Tonarten sind immer eine reine Quint voneinander entfernt. Bei den Kreuz-Tonarten geht man von C aus immer eine Quint aufwärts und umgekehrt bei den Be-Tonarten eine Quint abwärts. Wir haben beide Tonartenreihen bis zur Vorzeichnung von 7♯ und 7♭ kennen gelernt. Wenn wir nun quintenweise weiterschreiten, gelangen wir zu einem Ton, der enharmonisch (auf unseren Tasteninstrumenten) mit dem Ausgangston C gleich ist.

[1]) Eine restlose Klarstellung dieser einschränkenden Regel kann erst in der Harmonielehre erfolgen; immerhin enthält der nächste Abschnitt über die „Verwandtschaft der Tonarten" einige Hinweise.

Bei den Kreuz-Tonarten ergibt sich dann folgende Reihe:

1	2	3	4	5	6	7		8	9	10	11	12
C	G	D	A	E	H	Fis	Cis	Gis	Dis	Ais	Eis	His = C

Bei den B-Tonarten entsteht eine ähnliche Reihe mit zwölf Quinten abwärts:

1	2	3	4	5	6	7		8	6	10	11	12
C	F	B	Es	As	Des	Ges	Ces	Fes	Heses	Eses	Asas	Deses = C

Wir haben uns also im Kreis bewegt; denn bei der zwölften Quint sind wir wieder beim Ausgangston angekommen.[1]) Eine direkte kreisförmige Darstellung ist möglich. Diese heißt Quintenzirkel. Der Zirkel ist in Dur und Moll möglich. Um der Anschaulichkeit willen wird die enharmonische Verwechslung nicht erst bei der zwölften Quinttonart, sondern schon früher vorgenommen: fis = ges (in Moll: dis = es).

Der Quintenzirkel

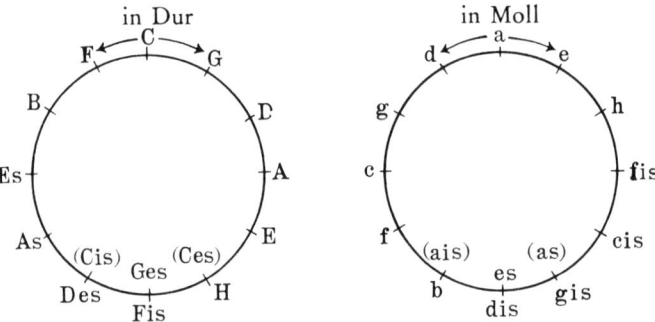

Der Pfeil nach rechts zeigt die Quinten aufwärts und die Kreuz-Tonarten an, der Pfeil nach links dagegen die Quinten abwärts und die Be-Tonarten.

An beiden oben stehenden Zirkeln kann die Verwandtschaft der Tonarten klargelegt werden:

1. Direkt quintverwandt sind Tonarten, die im Zirkel unmittelbar nebeneinander liegen, zum Beispiel

   C-dur mit G- und F-dur,
   As-dur mit Es- und Des-dur,
   a-moll mit e- und d-moll.

2. Indirekt quintverwandt sind zwei Tonarten, zwischen denen eine dritte vermittelnde Tonart liegt: z. B. C- mit D-dur; die dazwischen liegende Tonart G-dur ist quintverwandt mit C- und D-dur.
   Weitere Beispiele: E- und Fis-dur (vermittelnd H-dur), a- und h-moll (vermittelnd e-moll), b- und c-moll (vermittelnd f-moll) usf.

3. Verwandt sind auch die Paralleltonarten, beispielsweise C-dur und a-moll, A-dur und fis-moll, B-dur und g-moll usf.

[1]) Die zwölfte Quint liegt zwar sieben Oktaven höher als der Ausgangston; Oktavtöne sind aber in der Harmonielehre identisch.

DIE KIRCHENTONARTEN UND ANDERE TONLEITERN

Die Kirchentonarten[1]

Unsere beiden modernen Tongeschlechter Dur und Moll haben sich gegen Ende des Mittelalters entwickelt und sind erst in der Mitte des siebzehnten Jahrhunderts in Gebrauch gekommen. Bis zu dieser Zeit wurden die Kirchentonarten verwendet. In den einstimmigen gregorianischen Gesängen des Mittelalters und in vielen alten Kirchenliedern herrscht dieses System der Kirchentonarten.

Es folgen die Leitern dieser alten Kirchentöne:

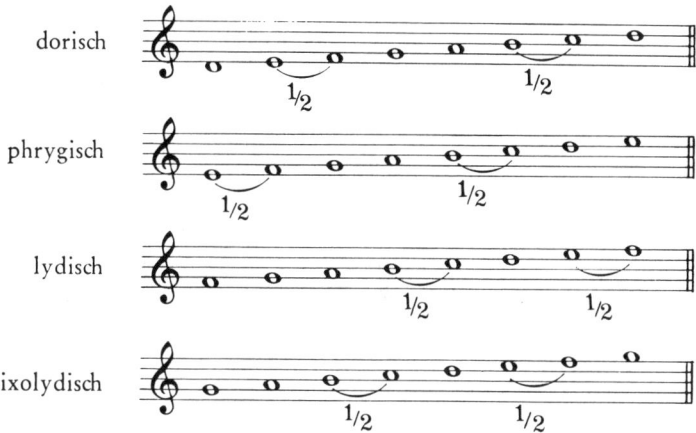

Jede Tonleiter beginnt also mit einem anderen Stammton. Dadurch verschieben sich die Halbtöne; sie sind in jeder Tonart anders gelagert:

im Dorischen   zwischen der 2.—3. und 6.—7. Stufe,
im Phrygischen   „   „   1.—2.   „   5.—6.   „
im Lydischen   „   „   4.—5.   „   7.—8.   „
im Mixolydischen   „   „   3.—4.   „   6.—7.   „

Diese alten Tonarten sind grundsätzlich diatonisch; nur der Ton h kann zu b erniedrigt werden.

Am Schlußton eines Gesanges kann die Tonart erkannt werden: Der oben S. 24 wiedergegebene lateinische Hymnus schließt mit dem Ton d und steht also in der dorischen Tonart. Diese Regel gilt auch für die deutschen Kirchenlieder:

O Heiland, reiß die Himmel auf

dorisch

[1] Die Kirchentonarten sind ausführlich behandelt in Dachs-Söhner, Harmonielehre Bd. II, S. 95 ff.

phrygisch

Aus tiefer Not

(Notenbeispiel)

lydisch

Herr Jesu Christ, dich zu uns wend

(Notenbeispiel)

mixolydisch

Das sind die heiḷgen zehn Gebot

(Notenbeispiel)

Der Schweizer Musikgelehrte Glarean hat in seinem 1547 erschienenen Dodeka-chordon diesen alten Kirchentonarten zwei neue hinzugefügt, die offenbar in der Volksmusik schon damals heimisch waren:

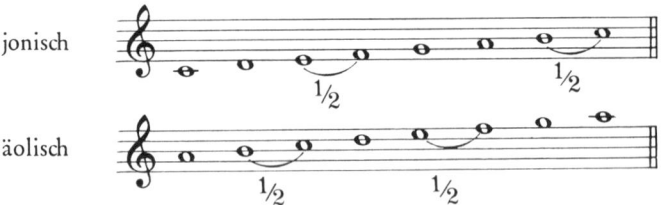

jonisch

äolisch

Die jonische Kirchentonleiter ist gleich unserer modernen Durtonleiter, und die äolische gleich unserer reinen Molltonleiter.

Die Fünftonleiter

Die Fünftonleiter hat im Gegensatz zur siebenstufigen Leiter keine Halbtöne. Sie entsteht dadurch, daß über einem Grundton vier Quinten errichtet und in den Raum einer Oktave gelegt werden:

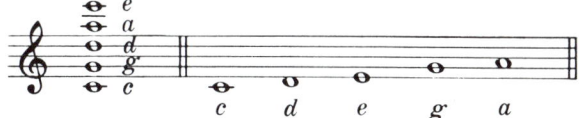

Die schwarzen Tasten des Klaviers zeigen auch diese halbtonlose pentatonische[1]) Tonleiter, die auf dem Grundton ges aufgebaut ist:

Die Pentatonik ist vor allem in Ost- und Südostasien (China, Siam, Java) verbreitet; das klassische Saiteninstrument Chinas, das K'in, ist in reinen Quinten gestimmt. Daß auch im Abendland[2]) diese Fünftonleiter nicht unbekannt war, ergibt sich aus der Melodie „Nun bitten wir den heiligen Geist":

Die Ganztonleiter

Die Ganztonleiter, die nur in Ganztönen fortschreitet, bildet das Gegenstück zur chromatischen Tonleiter, die nur Halbtöne aufweist.[3])

Das Zigeunermoll

Im Zigeunermoll wird der übermäßige Sekundschritt, der für die harmonische Molltonleiter charakteristisch ist, durch zweimalige Anwendung zu einem besonderen Effekt gesteigert.

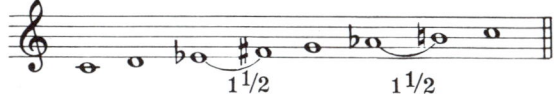

---

[1]) Lehnwort vom griechischen Zahlwort *pente* = fünf.
[2]) Über die Verwendung der Pentatonik in der modernen impressionistischen Musik siehe Dachs-Söhner, Harmonielehre, Bd. II, S. 163.
[3]) Über die Ganztonleiter bei Debussy vergleiche Dachs-Söhner, Harmonielehre Bd. II, S. 164.

Intervallenlehre

BEGRIFF UND NAMEN

Schon im obigen Abschnitt[1]) wurde festgestellt, daß die einzelnen Töne innerhalb der Stammtonreihe entweder einen Ganz- oder einen Halbton voneinander entfernt sind. Da in der musikalischen Praxis die Töne nicht nur skalenartig, als Tonleitern, erscheinen, sondern häufig größere Abstände vorkommen, genügt diese einfache Unterscheidung nicht mehr. Diese vielen möglichen Abstände zweier Töne werden in der Intervallenlehre gesichtet und geordnet.

Unter Intervall[2]) versteht man das Höhenverhältnis zweier Töne, die mit- oder nacheinander erklingen:

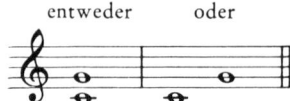

Zur Bezeichnung der verschiedenen Abstände bedient man sich folgender Intervallnamen: Prim, Sekund, Terz, Quart, Quint, Sext, Septim, Oktav, Non, Dezim, Undezim, Duodezim.[3])

Die auf die Oktav folgenden Intervalle werden auch zusammengesetzte Intervalle genannt:

$$
\begin{aligned}
\text{Non} &= \text{Oktav und Sekund,} \\
\text{Dezim} &= \quad\text{„}\quad\text{„ Terz,} \\
\text{Undezim} &= \quad\text{„}\quad\text{„ Quart,} \\
\text{Duodezim} &= \quad\text{„}\quad\text{„ Quint.}
\end{aligned}
$$

Im allgemeinen genügt die Zählung bis zur Oktav; denn bei einer diatonischen Tonfolge empfindet man die achte Stufe als Wiederholung der ersten, die neunte Stufe als Wiederholung der zweiten, die zehnte Stufe als Wiederholung der dritten, die elfte Stufe als Wiederholung der vierten und die zwölfte Stufe als Wiederholung der fünften Stufe. In manchen selteneren Fällen der Harmonielehre muß aber eine genaue Durchzählung der Intervalle erfolgen.

---

[1]) Siehe „Ganze und halbe Töne" oben S. 21 f.

[2]) Vom lateinischen Hauptwort *intervallum* = Zwischenraum, Entfernung.

[3]) Diese Namen für die Intervalle sind aus den lateinischen Ordnungszahlen entstanden: *primus* = der erste, *secundus* = der zweite, *tertius* = der dritte, *quartus* = der vierte, *quintus* = der fünfte, *sextus* = der sechste, *septimus* = der siebente, *octavus* = der achte, *nonus* = der neunte, *decimus* = der zehnte, *undecimus* = der elfte, *duodecimus* = der zwölfte.

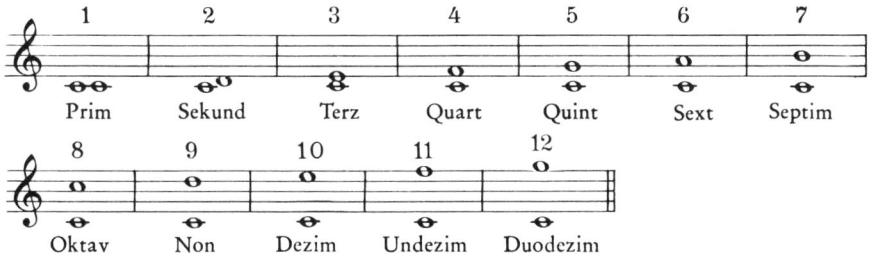

Die Intervalle werden grundsätzlich v o n u n t e n n a c h o b e n gelesen. Soll ausnahmsweise nach unten gerechnet und der obere Ton als Ausgangspunkt genommen werden, dann muß dies eigens angegeben werden: Untersekund, Unterterz, Unterquart usw.

M a ß g e b e n d f ü r d i e Z ä h l u n g i s t d i e R e i h e d e r S t a m m b u c h - s t a b e n. Der im obigen Beispiel dem Stammbuchstaben c unmittelbar folgende zweite Buchstabe d bezeichnet die Sekund, der übernächste dritte Buchstabe e die Terz, der vierte Buchstabe f die Quart u.s.f.

Sekunden sind also c—d, aber auch e—f; und Terzen sind c—e, aber auch d—f. Während die Sekund c—d aus einem Ganzton besteht, umfaßt die Sekund e—f nur einen Halbton. Ebenso verschieden sind die Abstände bei den Terzen. Die Terz c—e besteht aus zwei Ganztönen, die Terz d—f dagegen nur aus 1½ Tönen.

Daraus ist ersichtlich: D e r I n t e r v a l l n a m e s a g t n u r, a u f d e r w i e - v i e l t e n S t u f e v o n e i n e m g e g e b e n e n T o n a u s e i n a n d e r e r T o n s i c h b e f i n d e t. Über die genaue Größe des Intervalls gibt er keinen Aufschluß. Um diese auszudrücken, gebraucht man die folgenden Beiwörter:

r e i n, g r o ß, k l e i n, ü b e r m ä ß i g u n d v e r m i n d e r t.

Wir verwenden dafür oft die Kürzungen: r, gr, kl, ü und v. Auch die Intervallnamen können wir durch arabische Ziffern (1, 2, 3 usw.) kurz ausdrücken, wie schon im obigen Beispiel vermerkt.

DIE INTERVALLGATTUNGEN

Reine und große Intervalle

Wenn der Grundton der C-Durskala als Ausgangston genommen wird, dann ergeben sich reine und große Intervalle:

Reine Intervalle: Prim, Quart, Quint und Oktav;
große Intervalle: Sekund, Terz, Sext und Septim.

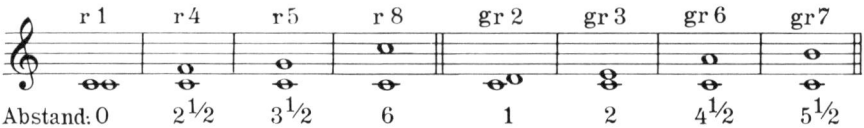

Für die angegebenen Höhenabstände dieser Intervalle bringt das folgende Beispiel eine kurze Berechnung:

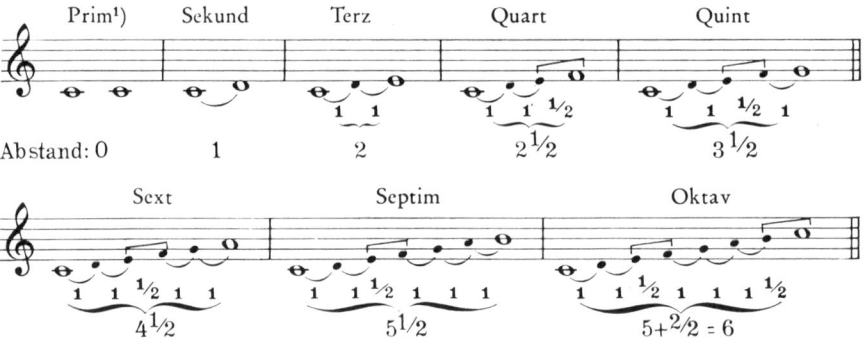

Ebenso wie in C-dur ergeben sich von dem Grundton jeder anderen Durtonleiter aus ebenfalls reine und große Intervalle:

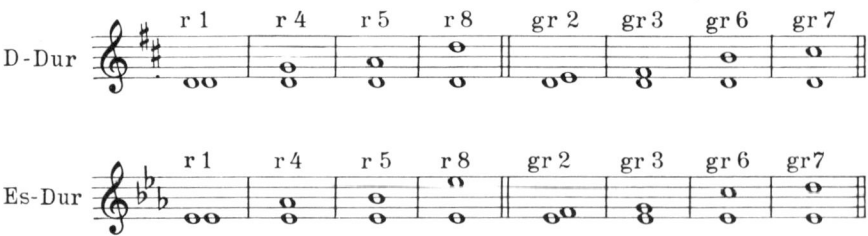

---

[1]) Das Höhenverhältnis der r 1 — auch Einklang genannt — ist auf dem Klavier nicht darstellbar, wohl aber auf der zweimanualigen Orgel sowie durch zwei Sänger oder Instrumentalisten.

Kleine Intervalle

Ein großes Intervall wird zu einem kleinen verengt, indem man den oberen Ton chromatisch erniedrigt oder den unteren erhöht.

	gr 2	kl 2	gr 3	kl 3	gr 6	kl 6	gr 7	kl 7
Oberer Ton erniedrigt								
Abstände:	1	$\frac{1}{2}$	2	$1\frac{1}{2}$	$4\frac{1}{2}$	4	$5\frac{1}{2}$	5
Unterer Ton erhöht	gr 2	kl 2	gr 3	kl 3	gr 6	kl 6	gr 7	kl 7

Umgekehrt kann ein kleines Intervall zu einem großen erweitert werden, indem man den oberen Ton erhöht oder den unteren erniedrigt.

	kl 2	gr 2	kl 3	gr 3	kl 6	gr 6	kl 7	gr 7
Oberer Ton erhöht								
Abstände:	$\frac{1}{2}$	1	$1\frac{1}{2}$	2	4	$4\frac{1}{2}$	5	$5\frac{1}{2}$
Oberer Ton erniedrigt	kl 2	gr 2	kl 3	gr 3	kl 6	gr 6	kl 7	gr 7

Man kann die Intervalle der Sext und Septim auch folgendermaßen bestimmen:

die große Sext = reine Quint + große Sekund (c-g + g-a = c-a)
die kleine Sext = reine Quint + kleine Sekund (c-g + g-as = c-as)
die große Septim = reine Quint + große Terz oder Oktav — Halbton
die kleine Septim = reine Quint + kleine Terz oder Oktav — Ganzton

Übermäßige und verminderte Intervalle

Reine Intervalle werden durch chromatische Erweiterung übermäßig und durch Verengung vermindert.

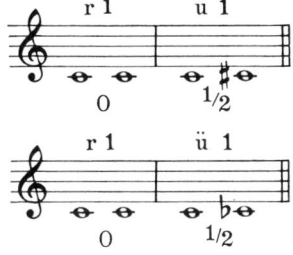

Der Nullabstand bei der reinen Prim kann nur erweitert, aber nicht verengt werden. In der praktischen Musik kommen die reine Prim und Oktav am häufigsten vor. Als zufällige Bildungen finden sich seltener die übermäßige Prim, ferner die übermäßige und verminderte Oktav.

Große Intervalle werden durch chromatische Erweiterung ebenfalls übermäßig.

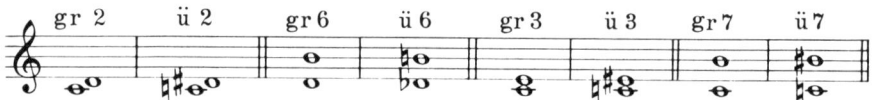

Während die übermäßige Sekund und Sext sehr oft erscheinen, treten die übermäßige Terz und Septim nur zufällig auf.

Die kleinen Intervalle werden durch Verengung vermindert.

Die verminderte Terz und Septim sind am häufigsten, selten dagegen die verminderte Sext und Sekund.[1] Die letztere findet sich eher in der Oktaverweiterung als verminderte Non.

Durch nochmalige Erweiterung können übermäßige Intervalle doppeltübermäßig und durch nochmalige Verengung verminderte Intervalle doppeltvermindert werden:

doppeltübermäßige	Sekund	:	c — disis
„	Terz	:	c — eisis
„	Quart	:	c — fisis
„	Quint	:	c — gisis
„	Sext	:	c — aisis
doppeltverminderte	Terz	:	cis — eses
„	Quart	:	cis — fes
„	Quint	:	cis — ges
„	Sext	:	cis — asas

[1] Dazu vergleiche das oben S. 20 über enharmonische Töne und das unten S. 46 über enharmonische Intervalle Gesagte.

DIATONISCHE INTERVALLE

Intervalle, die in den Dur- und Molltonleitern auftreten, heißen diatonische Intervalle.

In der Durtonleiter finden sich folgende Intervallgrößen:

Prim	rein
Sekund	groß, klein
Terz	groß, klein
Quart	rein, übermäßig
Quint	rein, vermindert
Sext	groß, klein
Septim	groß, klein
Oktav	rein

Im Beispiel S. 40 wurden vom Grundton der C-Durskala aus die reinen und großen Intervalle gebildet. Wenn die gleichen Intervalle auch auf den anderen Stufen der Tonleiter errichtet werden, so ändern sich zum Teil die Größenverhältnisse.

Die Prim und Oktav behalten auf allen Stufen denselben Abstand, sie bleiben also rein.

Die Sekund ist auf der dritten und siebenten Stufe klein. Wie der Leitton h aufwärts nach c drängt, so hat auch die dritte Stufe e Leittoncharakter.

Große Terzen erscheinen nur auf der ersten, vierten und fünften Stufe, auf den anderen Stufen (zweiter, dritter, sechster, siebenter) kleine.

Die Quart bleibt auf allen Stufen mit Ausnahme der vierten rein. Auf dieser Stufe ist sie übermäßig;

denn sie besteht aus drei Ganztönen und führt darum noch den besonderen Namen Tritonus (das ist Dreiton). Zu beachten ist beim Tritonus, daß der obere Ton als Leitton aufwärts und der untere Ton abwärts drängt, daß also beide Töne auseinanderstreben.[1])

[1]) Weiteres über den Tritonus siehe Dachs-Söhner, Harmonielehre Bd. I und II.

Die Quint ist auf allen Stufen rein, ausgenommen die siebente, auf der sie vermindert ist.

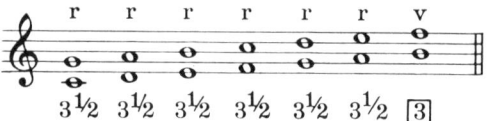

Die beiden Töne der verminderten Quint streben zusammen im Gegensatz zur übermäßigen Quart.

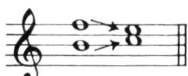

Die Sext ist auf der ersten, zweiten, vierten und fünften Stufe groß, auf der dritten, sechsten und siebenten Stufe klein.

Die Septim ist nur auf der ersten und vierten Stufe groß, sonst klein.

In der harmonischen Mollskala¹) erscheinen noch folgende Größenverhältnisse diatonischer Intervalle:

Sekund   übermäßig
Quart   vermindert
Quint   übermäßig
Septim   vermindert

Die Sekund auf der ersten, dritten und vierten Stufe ist groß; die auf der zweiten, fünften und siebenten Stufe ist klein und die auf der sechsten Stufe übermäßig.

¹) Wir beschränken uns auf das harmonische Moll; denn das äolisch-reine Moll und ebenso die melodische Mollskala abwärts, die das gleiche Tonmaterial nützen wie die Durtonleiter, zeigen keine anderen Intervallgrößen als Dur. Und die melodische Tonleiter aufwärts bringt keine anderen Größen als die harmonische Mollskala.

Die Quart ist übermäßig auf der vierten und sechsten Stufe. Eine verminderte Quart findet sich auf der siebenten Stufe.

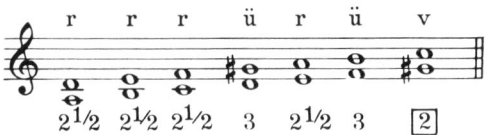

Der Leitton der verminderten Quart muß aufwärts geführt werden. Die beiden übermäßigen Quarten lösen sich nach der oben angegebenen Regel.

Eine übermäßige Quint mit dem Abstand von vier Ganztönen steht auf der dritten Stufe; auf der zweiten und siebenten Stufe sind verminderte Quinten.

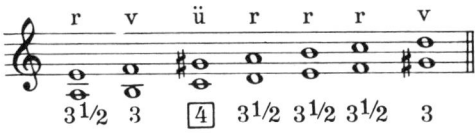

Bei der Fortführung der übermäßigen Quint muß der Leitton wie immer aufwärts gehen. Die Töne der verminderten Quint auf der zweiten und siebenten Stufe streben zusammen.

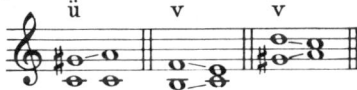

Eine verminderte Septim ist auf der siebenten Stufe. Ihre Lösung ist ebenfalls angegeben.

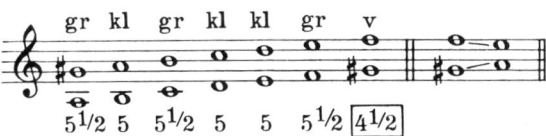

LEITEREIGENE, CHROMATISCHE UND
ENHARMONISCHE INTERVALLE

L e i t e r e i g e n ist ein Intervall, dessen Töne der gleichen Tonleiter angehören oder „eigen" sind. Die übermäßige Quart c-fis zum Beispiel ist leitereigen in G-dur, g-moll und e-moll; in C-dur, F-dur und anderen Tonarten ist sie l e i t e r f r e m d .

C h r o m a t i s c h e I n t e r v a l l e sind solche, die in keiner Dur- oder Mollskala vorkommen, nämlich:

> alle doppelt-verminderten und -übermäßigen Intervalle,
> ferner die übermäßige Prim,
> die verminderte und übermäßige Terz,
>   „   „   „   „   Sext,
> die übermäßige Septim,
> die verminderte und übermäßige Oktav.

Durch die chromatische Erhöhung eines Tones entsteht ein Leitton nach oben und durch die chromatische Erniedrigung eines Tones ein Leitton nach unten. Zu den natürlichen Leittönen der Dur- und Mollskalen kommen noch solche k ü n s t l i c h e Leittöne, die durch Hoch- oder Tiefalterierung[1]) geschaffen werden. Für die Weiterführung chromatischer Intervalle[2]) gilt grundsätzlich folgende R e g e l :

> H o c h a l t e r i e r t e T ö n e l ö s e n s i c h n a c h o b e n ,
> t i e f a l t e r i e r t e T ö n e n a c h u n t e n .

Es folgen chromatische Intervalle mit ihren Lösungen:

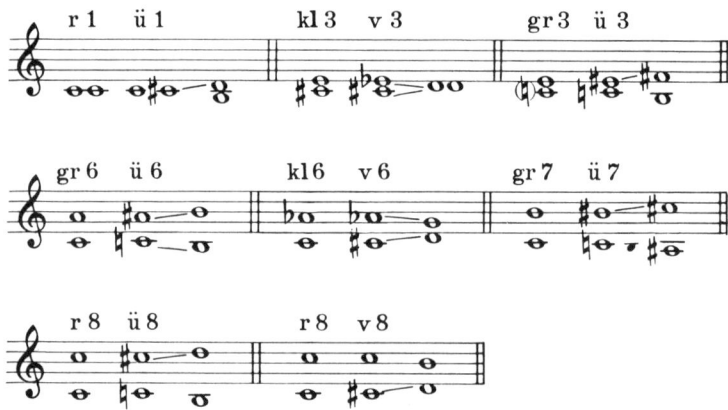

E n h a r m o n i s c h e o d e r e n h a r m o n i s c h g l e i c h e I n t e r v a l l e[3]) sind solche, die auf den Tasteninstrumenten zwar gleich klingen, aber verschieden benannt und geschrieben werden; zum Beispiel:

---

[1]) Hochalterierung = chromatische Erhöhung; Tiefalterierung = chromatische Erniedrigung. Alterieren = verändern. Das Wort leitet sich her vom lateinischen Eigenschaftswort *alter* = der andere, verändert.

[2]) Im obigen Abschnitt „Übermäßige und verminderte Intervalle" S. 41 haben wir diese Intervallengattungen kennen gelernt, ohne indessen ihre Lösung zu berücksichtigen.

[3]) Vergleiche oben S. 20 über enharmonische Töne.

übermäßige Prim	∿ kleine Sekund	c - cis ∿ c - des,
große Sekund	∿ verminderte Terz	cis - dis ∿ cis - es,
übermäßige Sekund	∿ kleine Terz	c - dis ∿ c - es,
übermäßige Quart	∿ verminderte Quint	c - fis ∿ c - ges,
übermäßige Quint	∿ kleine Sext	c - gis ∿ c - as,
übermäßige Sext	∿ kleine Septim	c - ais ∿ c - b.

In diesem Beispiel ist beim oberen Ton der Intervalle immer die Bewegungsrichtung angegeben. Es ist ohne weiteres ersichtlich, daß diese enharmonischen Intervalle zwar gleich klingen und mit den gleichen Tasten gespielt werden, daß aber die alterierten Töne sich in gegensätzlicher Richtung lösen müssen. Wenn also ein Intervall in ein anderes enharmonisch gleiches umgedeutet wird, so ändern sich die Leittonverhältnisse, zum Beispiel: bei c-fis ∿ c-ges strebt fis aufwärts und ges abwärts.

Wenn jedoch Tonarten um der leichteren Lesbarkeit willen verwechselt werden, ändern sich die Leittonverhältnisse nicht.

UMKEHRUNG DER INTERVALLE

Die Umkehrung eines Intervalls erfolgt entweder dadurch, daß der untere Ton in die höhere Oktav, oder dadurch, daß der obere Ton in die tiefere Oktav versetzt wird. Das Ergebnis ist in beiden Fällen gleich: Aus der großen Sext entsteht jedesmal eine kleine Terz.

Die aus der Umkehrung gewonnene Terz ergibt zusammen mit dem Ausgangsintervall der Sext eine Oktav:

Sext + Terz = Oktav

Durch seine Umkehrung wird jedes Intervall zur Oktav ergänzt. Die beiden Intervalle, die zusammen eine Oktav ergeben, werden k o m p l e m e n t ä r e¹) Intervalle genannt.

Die folgende Übersicht zeigt Intervallumkehrungen, an denen auch die komplementären Intervalle abzusehen sind.

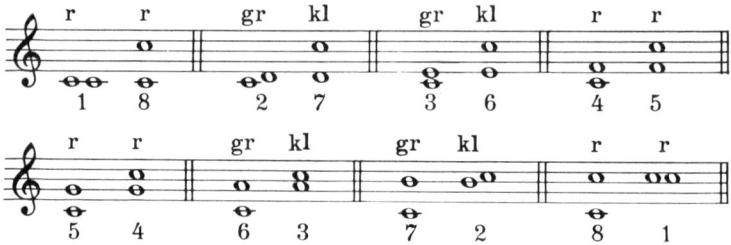

Wie aus dieser Tabelle ersichtlich ist, werden also durch die Umkehrungen:

die Prim	zur	Oktav	und umgekehrt	die Oktav	zur	Prim,
„ Sekund	„	Septim	„ „	„ Septim	„	Sekund,
„ Terz	„	Sext	„ „	„ Sext	„	Terz,
„ Quart	„	Quint	„ „	„ Quint	„	Quart.

Wenn die Intervallnamen wie im Beispiel durch Zahlen ausgedrückt werden, dann ergibt ein Intervall mit seiner Umkehrung immer die Zahl 9, da ein Ton jedesmal doppelt erscheint. Darum ist die Umkehrung zu einem bestimmten Intervall leicht zu finden mit folgendem Zahlenschema:

Intervall	1	2	3	4	5	6	7	8
Umkehrung	8	7	6	5	4	3	2	1
	9	9	9	9	9	9	9	9

Bei der Umkehrung

bleiben reine Intervalle rein,
große werden klein,
kleine werden groß,
verminderte werden übermäßig,
übermäßige werden vermindert.

¹) Vom lateinischen Zeitwort *complere* = erfüllen, ergänzen.

KONSONIERENDE UND DISSONIERENDE INTERVALLE

Konsonierende Intervalle oder Konsonanzen[1]) sind:
        alle reinen Intervalle,
        große und kleine Terzen,
        große und kleine Sexten.

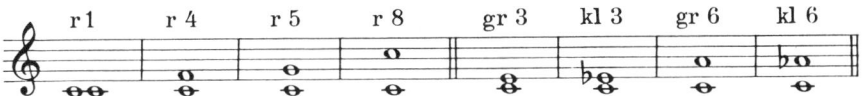

In diesen Klängen sind keine nach einer Lösung drängenden Leittöne vorhanden; darum erzeugen sie das Gefühl der Ruhe. Die beiden Töne dieser konsonierenden Intervalle gehen eine innige Verbindung ein, sie verschmelzen mitsammen. Da der Verschmelzungsgrad bei den reinen Intervallen höher ist als bei den Terzen und Sexten, heißen alle reinen Intervalle vollkommene Konsonanzen, dagegen die großen und kleinen Terzen und Sexten unvollkommene Konsonanzen.

Dissonierende Intervalle oder Dissonanzen[2]) sind:
        alle Sekunden und Septimen,
        alle übermäßigen und
        alle verminderten Intervalle.

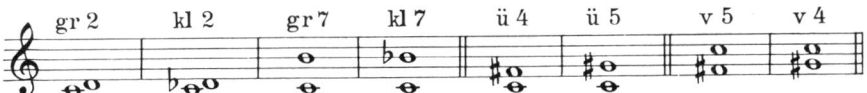

Bei den dissonierenden Klängen streben die Töne auseinander, sie streiten gleichsam gegeneinander und erzeugen eine Unruhe und Spannung, die eine Lösung fordert. Nach der Stärke der Spannung unterscheidet man milde und scharfe Dissonanzen. Milde Dissonanzen sind: große Sekund, kleine Septim, Tritonus und verminderte Quint.[3]) Scharfe Dissonanzen sind: kleine Sekund, große Septim, alle chromatischen Intervalle.[4])

Selbstverständlich bleibt auch bei Oktaverweiterung der Konsonanz- oder Dissonanzcharakter eines Intervalls unverändert. Die Non ist also dissonierend; die große und kleine Dezim, ferner die reine Undezim und die reine Duodezim sind konsonierend.

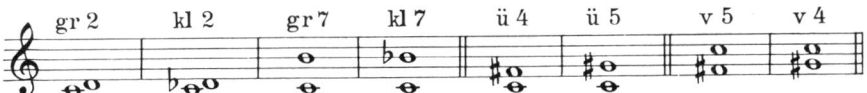

Die Erklärung der reinen Intervalle und der großen und kleinen Terz und Sext zu Konsonanzen hat nur Gültigkeit, wenn diese Intervalle ohne weitere Beziehung für sich ertönen. Im harmonischen Zusammenhang jedoch erlangt ein konsonantes Intervall sehr oft dissonanten Sinn; dieser Fall tritt vor allem bei der reinen Quart ein, aber auch bei der großen und kleinen Sext und sogar bei der reinen Quint.

Abzulehnen ist die sehr oft anzutreffende Definition[1]): Konsonanz = schöner Klang oder Wohlklang, und Dissonanz = häßlicher Klang oder Mißklang; denn es gibt Dissonanzen von hohem Reiz und großer Schönheit, während allzuviele spannungslose Konsonanzen eintönig wirken können. Zur Bezeichnung eines häßlichen, sinnwidrigen Klanges gebraucht man den Ausdruck K a k o p h o n i e [2]).

Jahrhundertelang war die Konsonanz der Terz und Sext umstritten. Während in England die Terzen schon im dreizehnten Jahrhundert als „ausgezeichnete Konsonanzen" gerühmt wurden, hat ein gleichzeitiger Musikschriftsteller, Pseudo-Aristoteles, die große und kleine Terz zu den „mittleren Dissonanzen" und die große und kleine Sext zu den „vollkommenen Dissonanzen" gerechnet. Im Gegensatz dazu sieht sein Zeitgenosse in Italien, Marchettus von Padua (um 1274), in ihnen „erträgliche Dissonanzen" nach dem Urteil des Ohres. Daß die Terzen und Sexten im hohen Mittelalter verschieden beurteilt wurden, geht aus der folgenden Tabelle des Engländers Joannes de Garlandia in seiner Schrift „De musica mensurabili" hervor, der um 1230 in Paris eine Schola cantorum leitete. Sie ist typisch für die Anschauung seiner Zeit.

C o n c o r d a n t i a e [3])

vollkommene:	Einklang und Oktav
mittlere:	Quint und Quart
unvollkommene:	große und kleine Terz

D i s c o r d a n t i a e

vollkommene:	kleine Sekund, übermäßige Quart und große Septim
mittlere:	große Sekund und kleine Sext
unvollkommene:	große Sext und kleine Septim

Der Streit war noch lange unentschieden; erst gegen Ende des fünfzehnten Jahrhunderts fand die Konsonanz der Terzen und Sexten allgemeine Anerkennung.

Das Problem der Dissonanz gehört auch heute noch zu den schwierigsten Kapiteln der Musiktheorie, speziell der Akustik; denn einerseits stellt ein Intervall eine objektive Erscheinung dar, die mathematisch errechnet und rein physiologisch durch das Ohr aufgenommen werden kann, andererseits aber handelt es sich beim Musikhören um einen subjektiv-psychologischen Vorgang. Zur Erklärung der Dissonanz wurden verschiedene Theorien aufgestellt. Die einen gehen vom objektiven Tatbestand aus, die anderen verlegen dieses Phänomen mehr ins Gebiet des Subjektiven (Psychologie). Die Theorien werden kurz behandelt in der Harmonielehre (1. Teil S. 148).

---

[1]) Worterklärung: vom lateinischen *definire* = bestimmen, festlegen.

[2]) Aus dem Griechischen: *kakos* = schlecht und *phone* = Stimme, Klang.

[3]) Als *concordantiae* bezeichnete man im Mittelalter die konsonierenden Intervalle, als *discordantiae* die dissonierenden.

Die Noten-Zeitwerte

Unsere Notenschrift kann nicht nur die Tonhöhe, sondern auch die Tondauer ausdrücken. Durch Liniensystem und Schlüsselbuchstaben wird die Tonhöhe angezeigt. Die Tondauer dagegen wird durch die verschiedenen Notenformen bestimmt. Folgende Notenformen sind in Gebrauch:

Die ganze Note	o	einfaches Oval
Die halbe Note		Oval mit einem Stiel, dem sogenannten Notenhals
Das Viertel		ausgefüllter Notenkopf
„ Achtel		mit einem Fähnchen
„ Sechzehntel		mit zwei Fähnchen
„ Zweiunddreißigstel		mit drei Fähnchen
„ Vierundsechzigstel		mit vier Fähnchen

1. Der Notenhals wird **abwärts auf der linken Seite** und **aufwärts auf der rechten Seite** gestrichen.

2. Die Noten **unter der dritten Linie** werden aufwärts gestrichen, die anderen abwärts:

3. Wenn zwei Stimmen, die gespielt oder gesungen werden, auf einem Liniensystem stehen, dann werden alle Noten der Oberstimme aufwärts und die der Unterstimme abwärts gestrichen:

4. Die Fähnchen werden immer rechts gesetzt, auch wenn der Notenhals links steht:

5. Statt der Fähnchen werden Querbalken verwendet, wenn mehrere gleiche Notenwerte (Achtel, Sechzehntel u. a.) unmittelbar einander folgen:[1])

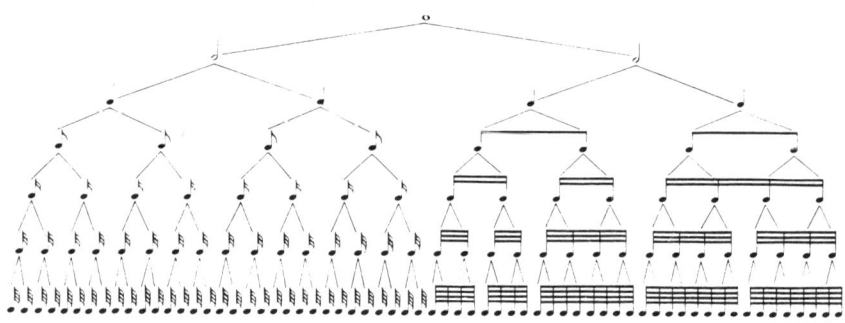

6. Manchmal kommt auch die Brevis[2]) vor, die den Wert von zwei ganzen Noten hat: |o| oder |=|

Mehr noch als die Notennamen (Ganze, Halbe, Viertel usf.) gibt folgende Übersicht eine klare Vorstellung vom relativen[3]) Zeitwert der einzelnen Notenformen.

Zur geschichtlichen Entwicklung

Das Mittelalter unterschied zwischen Cantus planus und Cantus mensuratus. Unter Cantus planus verstand man die einstimmige Gregorianik, wie heute noch in Frankreich unter *plain-chant* und in England unter *plain-song*. Ein Musikschriftsteller des dreizehnten Jahrhunderts, Elias Salomo, erklärt: „Er heißt

---

[1]) Dies ist sehr häufig der Fall in der Instrumentalmusik; in der Vokalmusik dann, wenn mehrere gleiche Notenwerte über e i n e r Textsilbe stehen.

[2]) Vom lateinischen *brevis* = kurz. Wie die ehemals kurze Note zur längsten in unserer Notenschrift wurde, siehe weiter unten.

[3]) Die Tondauer wird durch die Noten nur „relativ" angegeben, also nur das Verhältnis der Notenformen zueinander. Eine absolute Festsetzung der Tondauer erfolgt durch das Tempo. Siehe unten S. 72.

cantus planus, weil er darnach verlangt, durchaus g l e i c h m ä ß i g gesungen zu werden." Dieser Auffassung des Chorals als Cantus planus entspricht auch die damals in Italien aus den Punktneumen entstandene Choralnotation, die sogenannte Quadratnotenschrift:

Nach Franko von Köln (um 1250) stellt der *cantus mensuratus* den Gesang dar, „der durch l a n g e u n d k u r z e Z e i t e n gemessen wird, während beim cantus planus eine solche Messung nicht erfolgt". Wegen dieser genauen Festlegung oder „Messung" (lateinisch „*mensura*") von langen und kurzen Noten wird Mehrstimmigkeit Mensuralmusik und ihre Notierung Mensuralnotation genannt im Gegensatz zur Choralmusik und Choralnotation. Die Frühgeschichte der Mensuralmusik zerfällt in zwei Abschnitte: in die Ars antiqua (dreizehntes Jahrhundert in Frankreich) und in die Ars nova (vierzehntes und fünfzehntes Jahrhundert in Italien und Frankreich).

In der A r s a n t i q u a wurden die Kürzen und Längen folgendermaßen neu festgesetzt:

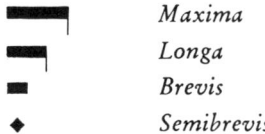

	Maxima
	Longa
	Brevis
	Semibrevis

Die s c h w a r z e n Noten leiten sich von der choralischen Quadratnotenschrift her. Die Maxima wurde in drei Longae unterteilt, die Longa in drei Breves und die Brevis in drei Semibreves. Diese Dreiteilung galt mit Rücksicht auf die Trinität als „vollkommen".

In der A r s n o v a rechnete man mit noch kleineren Notenwerten und verwendete auch r o t e Noten, um die höhere Oktav, einen rhythmischen Wechsel u.a. anzugeben. „Bei Mangel an roter Tinte" schrieb man statt roter Noten leere schwarze (weiße). Bald gab man den leeren (weißen) Noten den Vorzug wegen der größeren Bequemlichkeit beim Schreiben. Die Formen der Notenwerte sind folgende:

	Maxima		
	Longa		oder
	Brevis	⊨ oder ⋈	2 Ganze
	Semibrevis	o	1 Ganze
	Minima	ρ	1 Halbe
	Semiminima	♩	1 Viertel
	Fusa	♪	1 Achtel
	Semifusa	♬	1 Sechzehntel

Aus der Gegenüberstellung unserer modernen Notenwerke ist zu ersehen, daß die alte Semibrevis unserer ganzen Note, die Minima unserer halben Note usf. entspricht. Die Notenköpfe werden aber heutzutage nicht mehr eckig, sondern rund geschrieben. Dieser runden Schreibung begegnet man zuerst in den Handschriften und Ende des siebzehnten Jahrhunderts auch im Druck.

Um 1400 wird in Italien neben der „vollkommenen" Dreiteiligkeit der Noten auch die „u n v o l l k o m m e n e", heute noch gebräuchliche Z w e i t e i l i g k e i t üblich.

Als Z ä h l z e i t wurden immer kleinere Notenwerte verwendet; im dreizehnten und vierzehnten Jahrhundert die Brevis (𝄐), im fünfzehnten und sechzehnten Jahrhundert die Semibrevis (◊), im siebzehnten die Halbe (𝅗𝅥) und im achtzehnten die Viertelnote (♩).

Die N o t i e r u n g s w e i s e f ü r d i e I n s t r u m e n t a l m u s i k vom vierzehnten bis ins achtzehnte Jahrhundert war die T a b u l a t u r. Es gab Orgel- und Klavier-, ferner Lauten-, Gitarren- und Gamben-Tabulaturen. Der Begriff Tabulatur[1]) ist gleichbedeutend mit Partitur[2]), in der die verschiedenen Stimmen eines mehrstimmigen Satzes zusammengeschrieben und in Takte eingeteilt[3]) sind. Was die Partitur für den Dirigenten ist, das ist die Tabulatur für den Instrumentalisten.

In den Orgeltabulaturen des Münchener Orgelmeisters Konrad Paumann († 1473) und des Innsbruckers Paul Hofhaimer († 1537) ist die Oberstimme in Mensuralnoten geschrieben, Mittel- und Unterstimme dagegen in Buchstaben. Seit dem Ende des sechzehnten Jahrhunderts wurde in der deutschen Orgeltabulatur nur mehr — auch für die Oberstimme — die Buchstabennotation verwendet. Die französische Orgeltabulatur zeigt zwei Systeme mit je 5 Linien. Ähnlich war auch die italienische Orgeltabulatur; nur wurde die Linienzahl je nach Bedarf vergrößert.

---

[1]) Lateinisch *tabulatura;* von dem Stammwort *tabula* (davon deutsches Lehnwort Tafel).

[2]) Vom lateinischen Hauptwort *partitio* = Einteilung.

[3]) Im Mittelalter mußte der Dirigent sich eine Partitur aus den geschriebenen Chorbüchern oder den gedruckten Stimmbüchern zusammenstellen und genau taktmäßig einteilen. Daher der Ausdruck *partitio* = Einteilung.

Die Pausenzeichen

Wenn eine einstimmige Melodie zeitweilig aufhört und verstummt, oder wenn in einem mehrstimmigen Satz eine Stimme vorübergehend aussetzt, dann entstehen P a u s e n. Sie zeigen die Dauer der Unterbrechung des melodischen Flusses an und werden darum auch Schweigezeichen genannt.

Den Notenzeitwerten entsprechen folgende Pausenzeichen:

Zu beachten ist, daß d i e g a n z e P a u s e an der vierten Linie h ä n g t und d i e h a l b e P a u s e auf der dritten Linie s i t z t.

In der ausländischen Literatur ist manchmal folgendes Zeichen als Viertelpause zu finden: ⌐. Es ist die alte Form der Viertelpause, die sich aus dem Pausezeichen der Tabulaturschrift ⌐ entwickelt hat.

Wenn in einem mehrstimmigen Satz eine Stimme schweigt, können die Pausenzeichen auch unter oder über das Liniensystem zu stehen kommen; den oben angegebenen Platz müssen die Pausen also nicht unbedingt einnehmen. Wenn eine ganze oder halbe Pause über oder unter die Notenlinie gesetzt wird, ist eine kurze Hilfslinie nötig:

Der V e r l ä n g e r u n g s p u n k t[1]) kann ebenso wie bei den Noten auch bei den Pausen angewendet werden:

$$\text{━}\raisebox{0.3ex}{.} \; = \; \text{━} \; + \; \text{━}$$

$$\text{▬}\raisebox{0.3ex}{.} \; = \; \text{▬} \; + \; \text{▬}$$

$$\text{𝄽}\raisebox{0.3ex}{.} \; = \; \text{𝄽} \; + \; \text{𝄾}$$

$$\text{𝄾}\raisebox{0.3ex}{.} \; = \; \text{𝄾} \; + \; \text{𝄿}$$

$$\text{𝄿}\raisebox{0.3ex}{.} \; = \; \text{𝄿} \; + \; \text{𝅀}$$

Als Schweigezeichen für einen ganzen Takt[2]) wird immer die ganze Pause gebraucht ohne Rücksicht darauf, ob der Wert des vollen Taktes $\frac{2}{4}$, $\frac{3}{4}$, $\frac{4}{4}$, $\frac{6}{4}$ oder $\frac{6}{8}$ beträgt.

---

[1]) Siehe unten S. 57.
[2]) Siehe unten S. 60.

Bei Pausen für zwei oder mehr Takte setzt man immer die Zahl der zu pausierenden Takte hinzu. Das Pausenzeichen für einen Doppeltakt ist die Brevis-Pause. Die anderen Pausenwerte werden zusammengesetzt aus mehreren Pausenzeichen:

Brevis-Pause   Doppel-Brevis

Noch längere Pausen werden durch zwei schräg ansteigende Balken mit darüber gesetzter Zahl ausgedrückt.

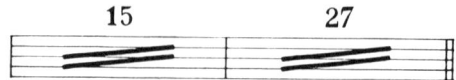

Soll eine Stimme in einem Teil eines mehrstimmigen Satzes schweigen, so ist es üblich, in dieser Stimme zu vermerken: *tacet*.[1] Wenn nicht nur eine, sondern alle Stimmen schweigen sollen, so schreibt man G. P., das heißt Generalpause.

Die Pausen sind Schweigezeichen, aber die Bewegung wird durch sie nicht aufgehalten; es muß immer weitergezählt werden. Im Gegensatz hierzu stellt die Fermate[2] ⌢ ein Ruhezeichen dar, durch welches der rhythmische Fluß ins Stocken gerät oder zum Stillstand kommt. Die Fermate kann über oder unter einer Note oder Pause stehen und besagt, daß die betreffende Note oder Pause länger ausgehalten werden muß. Wie lange die Fermate dauern soll. läßt sich nur gefühlsmäßig erfassen und ist dem Ermessen des Spielers oder Sängers überlassen.[3]

Am häufigsten findet sich die Fermate als Ruhezeichen über dem Schlußakkord. Sie kann auch auf dem Taktstrich stehen und veranlaßt dann die Einschaltung einer Pause. Falsche Fermaten sind oft anzutreffen an den Zeilenenden von Kirchenliedern oder Chorälen; sie sind hier keine Halte-, sondern lediglich Atemzeichen.

---

[1] Das heißt: er (sie) schweigt. Der Ausdruck stammt vom lateinischen Zeitwort *tacere* = schweigen.
[2] Vom italienischen Hauptwort *fermata* = Haltepunkt.
[3] Ein Anfänger kann bei der alten Regel bleiben: Eine Note mit Fermate wird ungefähr anderthalbmal so lange ausgehalten wie eine gewöhnliche.

Bindebogen, Verlängerungspunkt, unregelmäßige Teilungen
(Triole u. a.)

Wie sich sowohl aus den Notennamen als der Übersicht S. 52 ergibt, beruht das System unserer Notenwerte auf der Z w e i t e i l u n g ; denn jede größere Note wird in zwei kleinere untergeteilt. Unschwer können darum kleinere Notenwerte zwei-, vier- oder achtfach dargestellt werden:

$$\quad = \frac{2}{8} \qquad \quad = \frac{4}{16}$$

$$\quad = \frac{4}{8} \qquad \quad = \frac{8}{16}$$

Die Möglichkeit, auch andere Werte aufzuzeichnen, ist gegeben durch den Bindebogen und durch den Verlängerungspunkt.

Z w e i   o d e r   m e h r   N o t e n   g l e i c h e r   T o n h ö h e   k ö n n e n   d u r c h   e i n e n B i n d e b o g e n   z u s a m m e n g e s c h l o s s e n   w e r d e n :

$$\quad = \text{6 Viertel,} \qquad \quad = \text{5 Viertel,}$$

$$\quad = \text{3 Viertel,} \qquad \quad = \text{3 Achtel,}$$

Dabei gilt die Regel: Beide Noten müssen wie e i n Wert ausgehalten werden, dürfen also nicht durch Atemholen, Strichwechsel, neuen Anschlag oder Ansatz getrennt werden.

D e r   P u n k t   h i n t e r   e i n e r   N o t e   v e r l ä n g e r t   d i e s e   u m   d i e   H ä l f t e i h r e s   W e r t e s :

$$\quad = \quad = \frac{3}{2}, \qquad \quad = \quad = \frac{3}{4}$$

$$\quad = \quad = \frac{3}{8}, \qquad \quad = \quad = \frac{3}{16}$$

Manchmal gebraucht man zwei, ausnahmsweise drei Verlängerungspunkte; jeder folgende Punkt gilt die Hälfte des vorausgehenden:

$$\quad = \quad$$

$$\quad = \quad$$

Wenn eine Note nicht, wie es üblich ist, in zwei, sondern ausnahmsweise in drei kleinere Notenwerte untergeteilt wird, entsteht eine Gruppe von drei Noten, die als T r i o l e [1]) bezeichnet wird. Über die Schreibung der Triolen ist folgendes zu bemerken: Über oder unter die drei gleich langen Noten wird ein Bogen gesetzt und die Ziffer 3 beigefügt. Man unterscheidet Halbe-, Viertel-, Achtel- und Sechzehnteltriolen:

Wenn jede Note einer Achteltriole untergeteilt wird, dann ergibt sich eine „echte" S e x t o l e. Bei dieser werden die erste, dritte und fünfte Note etwas betont:

Die „falsche" Sextole oder D o p p e l t r i o l e entsteht durch Vereinigung zweier Triolen. Bei dieser wird die erste und vierte Note etwas betont:

In ähnlicher Weise, wie an die Stelle der normalen Zweiteilung ausnahmsweise eine Dreiteilung treten kann, ist auch statt der regelmäßigen Unterteilung in vier beziehungsweise acht kleinere Notenwerte, eine solche in fünf beziehungsweise neun Noten möglich. Die Unterteilung in fünf Noten heißt Q u i n t o l e :

Achtel-Quintole:

Sechzehntel-Quintole:

Die Unterteilung in neun Noten heißt N o v e m o l e.

Zweiunddreißigstel-Novemole:

[1]) Abgeleitet vom lateinischen Zahlwort tres; tria.

Acht Noten können auch in zehn Noten untergeteilt werden; dann erscheint eine Dezimole.

Zweiunddreißigstel-Dezimole:

Die unregelmäßigen Unterteilungen, die bisher behandelt wurden, nämlich die Triole, Doppeltriole, Sextole und ebenso die Quintole, Novemole und Dezimole beschleunigen die Bewegung. Umgekehrt geschieht es bisweilen, daß eine fließende Bewegung dadurch verlangsamt wird, daß statt drei Noten nur zwei genommen werden. Eine solche Zweinotengruppe führt den Namen Duole[1]) und hat den gleichen Zeitwert wie drei gleichartige Noten.

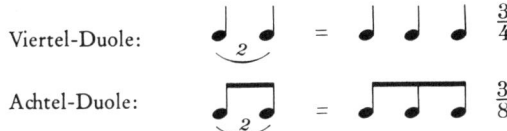

Viertel-Duole:

Achtel-Duole:

Eine solche Bewegungshemmung tritt auch ein, wenn statt sechs Noten nur vier genommen werden. Dann ergibt sich eine Quartole.

Sechzehntel-Quartole:

Ebenso ist es möglich, statt acht Noten nur sieben zu setzen. Diese Siebentongruppe heißt Septimole.

Sechzehntel-Septimole:

Die Duolen, Quartolen und Septimolen hemmen also die Bewegung.

Es finden sich in der Literatur noch weitere unregelmäßige Teilungen mit elf, dreizehn oder fünfzehn Noten. Sie werden meist als ornamentale Läufe verwendet, wobei der Zeitwert kaum streng eingehalten wird.

[1]) Vom lateinischen Zahlwort *duo* = zwei.

Metrik

DIE LEHRE VOM TAKT

Die Metrik handelt vom Versmaß (Metrum). In der deutschen Sprache werden vor allem folgende Versfüße oder Metren gebraucht:

∪ _ Jambus: „Vom Himmel hoch, da komm ich her ..."

_ ∪ Trochäus: „Sah ein Knab ein Röslein stehn ..."

_∪∪ Daktylus: „Lobe den Herren, den mächtigen König der Ehren ..."

∪∪_ Anapäst: „Morgen früh, wenn Gott will, wirst du wieder geweckt ..."

Wie aus diesen Beispielen zu ersehen ist, kommt es in der deutschen Dichtkunst auf die Unterscheidung zwischen betonten und unbetonten Silben: H e b u n g e n und S e n k u n g e n an. Die antike Metrik dagegen wurde durch die Quantität: Länge und Kürze, der Silben bestimmt.

Die Begriffe „Hebung" und „Senkung" sind aus der Sprachmelodie gewonnen; bei einem Akzent „hebt" sich die Stimme unwillkürlich, und bei einer unbetonten Silbe „senkt" sie sich. Umgekehrt geht die Antike nicht vom sprachlichen Vortrag, sondern von der tänzerischen Bewegung aus: Der schweren Zeit entspricht das Niedersetzen des Fußes (*Thesis*) und der leichten unbetonten Zeit das Aufheben (*Arsis*).

In ähnlicher Weise wie die sprachliche Metrik unterscheidet auch d i e m u s i - k a l i s c h e zwischen betonten und unbetonten[1]) Zeiten. Diesen geheimen Zusammenhang von Sprache und Musik hat schon Alkuin, der pädagogische Berater Karls des Großen († 804) erkannt, wenn er sagt, daß auf den gemessenen Versfüßen die Musik beruhe.[2])

Wenn zwei oder mehr Zählzeiten sich zu einer Einheit zusammenschließen, erhalten wir einen T a k t.[3]) Folgt einer betonten Zeit e i n e unbetonte, so ergibt sich ein zweiteiliger oder g e r a d e r T a k t — wie beim Marsch. Folgen jedoch einer betonten Zeit z w e i unbetonte Zeiten, dann ergibt sich ein dreiteiliger oder u n - g e r a d e r T a k t — wie beim Tanz (Walzer, Ländler, Menuett).

Gezählt wird beim zweiteiligen geraden Takt: 1 2 | 1 2 | ... und beim dreiteiligen ungeraden Takt: 1 2 3 | 1 2 3 | ...

Während der alte Takt bis zum siebzehnten Jahrhundert mehr eine metrische Recheneinheit darstellt, hat sich seit etwa 1600 der moderne Takt mit seiner Betonungsordnung durchgesetzt. Schon früher, nämlich seit dem fünfzehnten Jahrhundert, sind die T a k t s t r i c h e in Gebrauch gekommen; sie trennen in der Notenschrift die Takte voneinander und haben die Aufgabe, die Übersicht über die

---

[1]) Oder starken und schwachen, schweren und leichten, guten und schlechten Zeiten.
[2]) *Pedibus, numeris, rhythmo stat musica.*
[3]) Vom lateinischen Hauptwort *tactus* = Schlag, Berührung.

Notenreihen zu erleichtern. Völlig falsch wäre es, die Taktstriche als Trennungs-

zeichen aufzufassen. Sie wollen nicht trennen, sondern eher verbinden.

Dies ist aus der Tatsache zu entnehmen, daß die v o r einem Taktstrich stehende leichte Note und die n a c h dem Taktstrich stehende schwere fast immer zusammengehören:

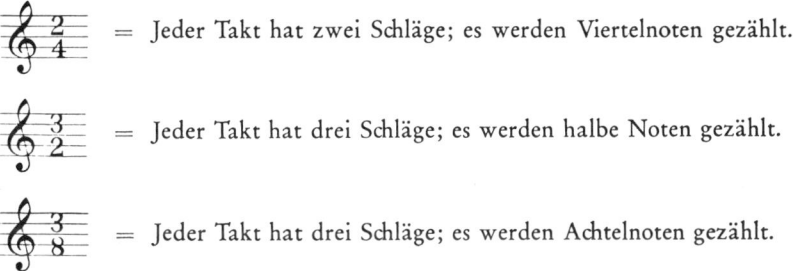

Grundsätzlich gilt die Regel:

D i e   e r s t e   N o t e   n a c h   d e m   T a k t s t r i c h   i s t   i m m e r   b e t o n t.

Das T a k t z e i c h e n steht immer hinter dem Schlüssel mit den etwaigen Vorzeichen. Es sieht wie eine B r u c h z a h l aus. Deren „Zähler" gibt die Zahl der Schläge oder Zeiten an, also auf wieviel in jedem Takt gezählt werden muß; ihr „Nenner" nennt die Art der Noten (Viertel, Achtel, Halbe), die gezählt werden müssen. Zum Beispiel:

= Jeder Takt hat zwei Schläge; es werden Viertelnoten gezählt.

= Jeder Takt hat drei Schläge; es werden halbe Noten gezählt.

= Jeder Takt hat drei Schläge; es werden Achtelnoten gezählt.

Die kleinste mögliche Taktart ist der Takt mit zwei Zählzeiten oder Schlägen; es folgt derjenige mit drei Schlägen. Manchmal schließen sich jedoch vier, sechs und mehr Zählzeiten zu einer Takteinheit zusammen. Wenn ein Takt nur zwei oder drei Zählzeiten enthält, hat er nur e i n e betonte Note oder nur e i n e n Schwerpunkt. Darum liegt in diesen beiden Fällen — beim Zweier- und Dreiertakt — e i n e e i n f a c h e T a k t a r t vor. Besteht ein Takt aus einem Mehrfachen von zwei oder drei Zählnoten (2 × 2, 2 × 3, 3 × 3, 4 × 3), dann ergibt sich eine z u s a m-m e n g e s e t z t e T a k t a r t.

EINFACHE TAKTARTEN

1. *Zweiteilige oder gerade Taktarten:*

a) Der Zweivierteltakt:

b) Der Zweihalbetakt. Er wird der kleine A l l a b r e v e t a k t genannt; zur Vorzeichnung bedient man sich bei ihm gewöhnlich nicht der Bruchzahl $\frac{2}{2}$, sondern des Zeichens (¢¹)
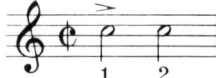

2. *Dreiteilige oder ungerade Taktarten:*

a) Der Dreivierteltakt:

b) Der Dreihalbetakt:

c) Der Dreiachteltakt:

ZUSAMMENGESETZTE TAKTARTEN

1. *Gerade Taktarten*

a) Der Viervierteltakt:

2 × 2

Statt $\frac{4}{4}$ — diese Vorzeichnung ist selbstverständlich auch möglich — wird meist **C** gebraucht.

b) Der Vierhalbe- oder große Allabrevetakt:
(Vorzeichnung wie beim Zweihalbetakt)

2 × 2

---

¹) Im Mittelalter wurde die dreiteilige Taktart durch einen Kreis ◯ angezeigt, die zweiteilige durch einen durchstrichenen Kreis ¢ oder durch einen Halbkreis ⊂. Davon leiten sich unsere Zeichen für den Allabreve- und für den unten folgenden Viervierteltakt her.

c) Der Vierachteltakt. Die Vorzeichnung $\frac{4}{8}$ findet sich nur sehr selten; meistens wird (statt der richtigen Zahl) $\frac{2}{4}$ vorgeschrieben, aber Achtelzählung vorausgesetzt:

2. *Ungerade Taktarten*

a) Der Sechsachteltakt:

b) Der Sechsvierteltakt:

c) Der Neunachteltakt:

d) Der Zwölfachteltakt:

Bei diesen zusammengesetzten Taktarten ist immer die erste Zählzeit am stärksten betont, stärker als die anderen Zeiten, deren Betonung sich aus der taktlichen Zusammensetzung ergibt. (In den Zählzeiten unter den Noten sind Haupt- und Nebenakzente genau angegeben.)

Auch bei Unterteilungen haben die oben gezeigten Betonungsverhältnisse Geltung. Wird in einem Takt, in dem Viertel gezählt werden, ein Schlag in zwei Achtel untergeteilt, so empfindet man das erste Achtel als schwer, das zweite als leicht: Wird eine Viertelnote in eine Achteltriole untergeteilt, dann folgen, wie im dreiteiligen Takt, einer schweren Note zwei leichte: . Bei einer Unterteilung in vier Sechzehntel wirkt, wie im Viererakt, die erste und dritte Note schwerer, die zweite und vierte leicht:

DAS TAKTIEREN

Keinem Liebhaber der Musik, noch weniger einem Musikstudierenden dürfen die Elemente des Dirigierens unbekannt sein. Bei jedem Besuch eines Konzerts oder einer Oper kann die praktische Anwendung dieser Kunst erlebt und beobachtet werden.

Dirigiert werden die oben gezeigten Taktarten auf folgende Weise:

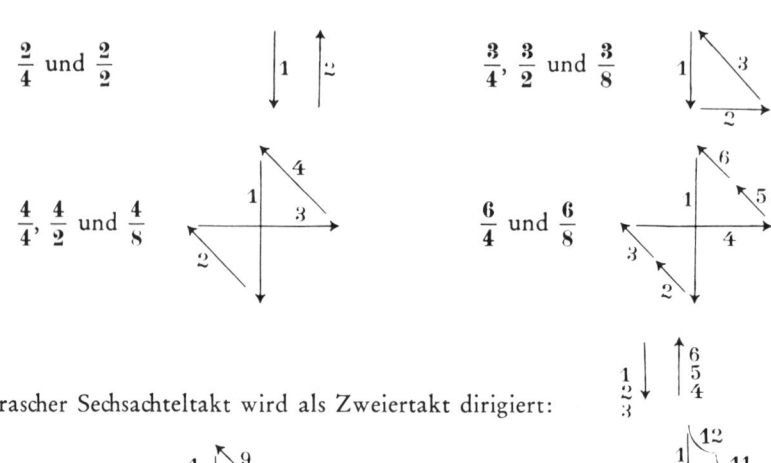

$\frac{2}{4}$ und $\frac{2}{2}$

$\frac{3}{4}$, $\frac{3}{2}$ und $\frac{3}{8}$

$\frac{4}{4}$, $\frac{4}{2}$ und $\frac{4}{8}$

$\frac{6}{4}$ und $\frac{6}{8}$

Ein rascher Sechsachteltakt wird als Zweiertakt dirigiert:

$\frac{9}{8}$

$\frac{12}{8}$

Bei bewegten $\frac{9}{8}$ wird der Dreier-Takt nicht untergeteilt.

Bei raschen $\frac{12}{8}$ wird der Vierer-Takt nicht untergeteilt.

Es ist selbstverständlich, daß die oben gezeigten Schlagbilder für die einzelnen Taktarten nur schematische Bedeutung haben. Ein Dirigent muß zwar jedes Dirigier-Schema kennen, er darf es aber nicht sklavisch oder gar eckig nachahmen, sondern muß jedes Schlagbild in organisch fließende Bewegungen umsetzen.

Fünf- und siebenzeitige Taktarten

Auftakt und Synkope

Unregelmäßige Taktarten, die von der gewöhnlichen Betonungsordnung abweichen, sind der Fünfer- ($\frac{5}{4}$, $\frac{5}{8}$) und Siebener-Takt ($\frac{7}{4}$, $\frac{7}{8}$). Schon Rousseau hat in seinem „Dictionnaire de Musique" (1667) ein Beispiel im $\frac{5}{4}$ - Takt und nennt die Melodie *„un chant bien cadencé"*. Das Kirchenlied „O Gott, streck aus dein milde Hand" aus dem Dreißigjährigen Krieg zeigt auch den seltenen $\frac{5}{4}$ - Takt. Beheimatet sind diese fremden Taktarten in den osteuropäischen Ländern, wie aus den unten stehenden Beispielen zu ersehen ist.
$\frac{5}{4}$ werden zerlegt entweder in $\frac{2}{4}$ + $\frac{3}{4}$ oder $\frac{3}{4}$ + $\frac{2}{4}$; und in ähnlicher Weise werden $\frac{7}{4}$ zerlegt entweder in $\frac{3}{4}$ + $\frac{4}{4}$ oder $\frac{4}{4}$ + $\frac{3}{4}$.

Die praktische Verwendung dieser Taktarten zeigen die folgenden Beispiele aus der Literatur:

Tschaikowsky, Sechste Symphonie (Pathétique) 2. Satz

Bartok, Mikrokosmos Nr. 115 (Bulgarischer Rhythmus)

Bartok, Mikrokosmos Nr. 113 (Bulgarischer Rhythmus)

Der Fünfzehnachtel-Takt des folgenden Beispiels stellt einen fünfzähligen Takt dar, in dem jede Zählzeit in drei Achtel untergeteilt ist ($\frac{15}{8} = 5 \times \frac{3}{8}$).

P. Hindemith, Ludus tonalis

Eine mehrfache Taktvorzeichnung ist bei alten Volks- und Kirchenliedern zu finden. So finden wir eine dreifache Taktangabe ($\frac{2}{2}$, $\frac{3}{2}$, $\frac{4}{2}$) vor dem Lied „Wachet auf, ruft uns die Stimme", wie es im „Freudenspiegel des ewigen Lebens" von Philipp Nicolai (Frankfurt 1599) steht. Auch ein bayerischer Tanz, der Zwiefache, verlangt eine doppelte Taktangabe ($\frac{3}{4}$, $\frac{2}{4}$).

Ein unvollständiger Takt am Anfang eines Stückes wird Auftakt genannt. Bei Liedern und kleineren Instrumentalstücken wird der Schlußtakt soweit gekürzt, daß er zusammen mit dem Auftakt einen vollständigen Takt ergibt. Beim Abzählen der Takte wird nicht der Auftakt, sondern der erste Volltakt als erster Takt gerechnet.

Dirigiertechnisch gilt immer die Regel, gleichgültig ob ein Tonstück mit einem Auf- oder Volltakt beginnt: Jedem Einsatz muß ein vorbereitender Schlag vorausgehen, der so lang ist wie eine Zählzeit. Vor einem Volltakt ist es immer ein Aufschlag: 4 ┃ 1 Wenn aber ein Stück mit dem Auftakt beginnt, wechselt die vorbereitende Bewegung:

Die Schlagtechnik erfordert viel Übung, und es ist ratsam, sich an Hand von leichten Instrumentalstücken, Chören oder Liedern diese Übung anzueignen.

Wird eine leichte Note mit der folgenden schweren zusammengezogen, so verschiebt sich der Akzent von der schweren auf die leichte Zählzeit:

Die Akzente werden dadurch vorgeschoben: im ersten Takt vom dritten auf den zweiten Schlag, im zweiten Takt vom ersten Schlag auf den vorhergehenden vierten des ersten Taktes. Eine solche Akzentverschiebung wird Synkope[1]) genannt.

----

[1]) Das heißt „Zusammenstoß", abgeleitet vom griechischen Zeitwort *synkóptein* = zusammenstoßen. Am Anfang des ersten Taktes prallen zwei Akzente aufeinander.

Rhythmik

Die musikalische Metrik handelt, wie oben ausgeführt wurde, von den Gewichtsunterschieden, von leicht und schwer, also vor allem vom Takt.

Die Rhythmik hingegen begreift in sich „die Unterscheidung von Tönen verschiedener Dauer innerhalb des durch Takt und Tempo gegebenen metrischen Verlaufs" (Riemann), also den Wechsel von langen und kurzen Tönen.[1] Innerhalb eines Metrums sind die mannigfachsten rhythmischen Bildungen möglich, zum Beispiel im dreiteiligen:

Im folgenden Beispiel treten in den beiden Stimmen verschiedene Rhythmen auf. Beide rhythmische Bewegungen sind leicht zu verfolgen, weil sie einander ergänzen. Man nennt solche Rhythmen komplementäre.

Wenn die Rhythmen mehrerer Stimmen unabhängig voneinander sich entwickeln, wie in dem folgenden Ausschnitt aus einer dreistimmigen Sinfonie von Bach, dann entsteht eine Polyrhythmik:

---

[1] Hugo Riemann hat diese Begriffe endgültig geklärt in seinem „System der musikalischen Rhythmik und Metrik" 1903. Die bekannte populäre Definition: „Rhythmik = Ordnung der Bewegung" nimmt keine Rücksicht auf diese klaren begrifflichen Unterscheidungen.

Phrasierung und Artikulation

PHRASIERUNG

Unter Phrasierung versteht man die sinnvolle Gliederung eines Musikstücks. Durch diese Gliederung sollen die Phrasen,[1]) nämlich die einzelnen Teile eines musikalischen Ablaufs, dem Hörer klargelegt und verständlich gemacht werden. Dieses Ziel kann nur dann erreicht werden, wenn die sich aus der Gliederung ergebenden Einschnitte oder Zäsuren[2]) genau eingehalten werden.

In der Regel findet sich nach dem vierten Takt, manchmal auch schon nach dem zweiten eine Zäsur. Nach acht Takten, die meist eine formale Einheit bilden, geht ein Abschnitt zu Ende.[3])

a) Einschnitt nach zwei Takten (Zweitaktgruppe):

b) Einschnitt nach vier Takten (Viertaktgruppe):

c) Einschnitt nach acht Takten (Periode):

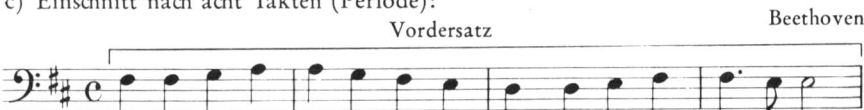

Vorder- und Nachsatz bilden zusammen eine Periode.

---

[1]) Phrasen sind Abschnitte. Das aus der griechischen Sprache stammende Lehnwort bedeutet ursprünglich „Satz, Ausdrucksweise, Redensart".

[2]) Zäsur ist abgeleitet vom lateinischen Zeitwort *caedere* = schlagen, schneiden.

[3]) Eine ausführliche Darstellung des musikalischen Aufbaues bietet die Formenlehre.

Diese musikalischen Zäsuren entsprechen den Interpunktionszeichen (Komma, Punkt, Strichpunkt) in der Sprache; denn sie zeigen an, welche Noten zusammengehören, und welche zu trennen sind. Wenn ein Redner die Interpunktionszeichen völlig außer acht ließe, würde der Hörer den geistigen Zusammenhang verlieren. Ebenso ist es im musikalischen Bereich, wenn die musikalischen Phrasen von dem Vortragenden nicht beachtet werden.

Das Auffinden der Phrasen in Liedern und anderen Werken für Gesang ist einfach; denn der Sänger kann sich nach den Einschnitten der Worte richten. Bei reinen Instrumentalstücken ist es für den Spieler nicht immer leicht, die Phrasen zu erkennen. Darum wird die Phrasierung in der Notation durch sogenannte P h r a s i e r u n g s b ö g e n oder durch einen kleinen senkrechten Strich angegeben. Daraus ist dann klar zu ersehen, wie die Noten sinngemäß zusammengehören und zusammenzulesen sind. Ein paar Beispiele mögen dies veranschaulichen:

NB. m. E. = männliche Endung,
     w. E. = weibliche Endung.
Die männliche Endung steht auf einem schweren Taktteil; ein Abschluß auf leichter Zeit dagegen wird „weibliche Endung" genannt.

Wenn keine Phrasierungsbogen oder senkrechten kleinen Striche vorhanden sind und wenn das Erkennen der Phrasen dem Spieler Schwierigkeiten bereitet, so gelten noch heute folgende Regeln, die schon 1772 in Sulzers „Theorie der schönen Künste" aufgestellt sind:[1])

„Hört die Phrase mit einer Pause auf,[2]) so hat dies keine Schwierigkeit; der Einschnitt markiert sich von selbst. Endigt die Phrase aber mit keiner Pause, so erfordert es mehr Kunst, den Einschnitt jederzeit richtig zu markieren, weil er schwerer zu entdecken ist. Die Hauptregel, die hierbei in acht zu nehmen ist, ist diese, daß man sich nach dem Anfang des Stückes richte. Ein vollkommen regelmäßiges Tonstück beobachtet durchgängig gleiche Einschnitte: nämlich, mit welcher Note des Taktes es anfängt,[3]) mit eben der Note fangen auch alle seine Phrasen an."

Ein Vergleich mit den oben stehenden Phrasierungsbeispielen zeigt die Richtigkeit und Brauchbarkeit dieser Regel.[4])

ARTIKULATION

Beim musikalischen Vortrag wird die innere Sinngliederung der Phrasierung äußerlich dargestellt durch die Artikulation. Man versteht darunter die Bindung oder Trennung von Tönen. Es gibt also im wesentlichen zwei Artikulationsmöglichkeiten:

1. Die Bindung oder das Legato. Es wird angezeigt durch einen Bogen über den Noten, die gebunden werden sollen. Dieser wird Legato- oder Bindebogen[5]) genannt.

Händel

[1]) Über Phrasierung handelt darin der Artikel „Vortrag". Seine Verfasser ist der bekannte Komponist Joh. Abr. Peter Schulz, von dem heute noch die Lieder „Der Mond ist aufgegangen" und „Alle Jahre wieder" gesungen werden.

[2]) Vergleiche oben (S. 68) das Lied: Zu Straßburg auf der Schanz.

[3]) Das heißt: Wenn ein Stück mit dem ganzen Takt oder mit einem Auftakt beginnt, dann fangen auch die anderen Phrasen so an.

[4]) Das angeführte Beispiel von Haydn beginnt mit einer Achtelnote als Auftakt, ebenso die nächste Phrase; das Beispiel von Mozart mit einem Auftakt von drei Achteln, ebenso die folgende Phrase. Die Gültigkeit dieser Regel läßt sich auch an den obigen Beispielen von Beethoven nachprüfen.

[5]) Er darf nicht mit dem Phrasierungsbogen verwechselt werden.

2. Die Trennung oder das Staccato. Über oder unter den Noten stehende Punkte geben das Staccato an. Dadurch, daß die Notenwerte leicht verkürzt werden, wird eine scharfe Trennung erreicht. Bei den Streichern heißt dieser Bogenstrich *martellato* oder *martelé* (französisch).

Eine dritte Artikulationsart ergibt sich dann, wenn die Töne nicht scharf, sondern nur milde getrennt werden:

3. Das Portato. Wie schon der Name sagt, soll der eine Ton zum anderen „getragen" werden. Wenn auch keine Bindung erfolgt, so wird doch auch die absolute Trennung vermieden. Auf den Streichinstrumenten werden die Töne auf einem Bogen weich angespielt, aber nicht gebunden. Bezeichnet wird das Portato durch einen Bindebogen und Punkte über den Noten. Im folgenden Beispiel aus einer Violinsonate von Mozart wechseln Portato und Legato.

Statt der Punkte können auch kleine waagrechte Tenuto-Strichlein[1]) über den Noten stehen:

In der Klavierliteratur findet sich für diese zwischen Legato und Staccato stehende Artikulationsart die Angabe, „non legato" oder bei schnellen Sätzen „leggiero" (sprich: ledschäro).

---

[1]) *Tenuto* ist abgeleitet vom lateinischen Zeitwort *tenere* = aushalten. Wenn sonst über einer Note ein waagrechtes Strichlein oder die Abkürzung „ten" steht, bedeutet dies, daß der Wert der betreffenden Note genau ausgehalten werden soll im Gegensatz zum Staccato oder Portato:

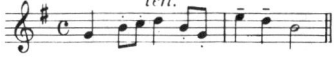

Tempo

Die Taktvorzeichnung gibt zwar an, wie viele Schläge auf einen Takt treffen, und ob Halbe, Viertel oder Achtel zu zählen sind; der Schnelligkeitsgrad aber wird durch das Tempo[1]) vorgeschrieben. Die rechte Wahl des Zeitmaßes[2]) ist von außerordentlicher Bedeutung; denn „Schleppen und Eilen sind gleich große Fehler", wie Robert Schumann in seinen musikalischen Haus- und Lebensregeln sagt. Bei der sprachlichen Tempobezeichnung muß man sich jedoch mit ungefähren Angaben begnügen, die zugleich auf den Charakter des Stückes hinweisen. Die hierfür üblichen italienischen Namen sind international.[3]) Man kann im wesentlichen drei Grundzeitmaße unterscheiden:

1. Langsame Bewegung

Grave	=	schwer
Largo	=	breit
Lento	=	langsam
Adágio	=	ruhig (sprich: Adádscho)
Sostenúto	=	gehalten
Larghétto	=	weniger breit als Largo

2. Mäßige oder mittlere Bewegung

Moderáto	=	mäßig
Andánte	=	gehend
Andantíno	=	etwas ruhiger als Andante
Cómodo	=	gemächlich
Allegrétto	=	langsamer als Allegro

3. Schnelle Bewegung

Allégro	=	schnell
Presto	=	eilig
Viváce	=	lebhaft (sprich: wiwátsche)
Agitáto	=	bewegt (sprich: adschitáto)
Con brio	=	mit Feuer
Prestíssimo	=	so schnell wie möglich

---

[1]) Das italienische Wort *tempo* bedeutet „Zeitmaß". Es stammt vom lateinischen Hauptwort *tempus*.
[2]) Im achtzehnten Jahrhundert findet sich darum häufig die Angabe: *Tempo giusto* = im richtigen Tempo.
[3]) Durch die musikalische Vorherrschaft der Italiener im achtzehnten Jahrhundert wurden die italienischen Tempo- und Vortragsbezeichnungen allgemein üblich. Schon Beethoven (op. 81a, op. 90, op. 101) machte den Versuch, diese italienischen Wörter durch deutsche zu ersetzen. Aber weder ihm noch anderen ist es bisher gelungen, diese internationalen Namen zu verdrängen.

Häufig wird die Geschwindigkeit noch näher bestimmt durch folgende Beiwörter: *molto* = viel (z. B. *Adagio molto), assai* = sehr (z. B.*Vivace assai), ma non troppo* = aber nicht zu viel (z. B. *Allegro ma non troppo).*

Einen annähernden Maßstab für die Temponahme besitzen wir am menschlichen Puls, der in der Minute etwa 70 Schläge macht. Dies ist die mittlere Bewegung von Moderato und Andante. 120 Schläge in der Minute empfinden wir als sehr schnell, 50 als sehr langsam.

Es ist auch möglich, das Tempo eines Stückes absolut genau festzulegen durch das M e t r o n o m. Dieser exakte Taktmesser wurde um 1815 von M ä l z e l[1]) zusammen mit dem Amsterdamer Mechaniker Winkel in Wien konstruiert. In einem pyramidenförmigen Holzkästchen befindet sich ein Uhrwerk mit einem Pendel, an dem ein verschiebbares Gewicht angebracht ist. Dadurch kann das Ausschlagstempo des Pendels genau geregelt werden. Die Zahlen auf der Skala geben die Ausschläge in der Minute an.

M.M. $\downarrow$ = 90 bedeutet: Mälzels Metronom 90 Viertel in der Minute;

M.M. $\downarrow$ = 60 bedeutet: Mälzels Metronom 60 Halbe in der Minute.

Die Metronomisierung kann wohl vor groben Mißgriffen in der Temponahme bewahren, aber sie darf nicht überschätzt werden; denn das starre Klopfen des Taktmessers hat mit dem lebendigen Musizieren nichts zu tun. Zudem ist das Tempo noch von anderen Faktoren abhängig: von der Akustik des betreffenden Raumes, von der Zahl und vor allem der Technik des Ausführenden. Bekanntlich sind auch manche Metronomangaben bei Schumann und Reger falsch.

Alle Abweichungen von der mechanischen Starrheit des Metronoms werden unter dem Begriff A g o g i k[2]) zusammengefaßt. Das Tempo kann allmählich verlangsamt oder beschleunigt werden. Verzögerungen finden oft statt bei Übergängen (neue Tonart, neue Taktart, neuer Abschnitt) und vor dem Schluß, Beschleunigungen dagegen führen zu Höhepunkten. Agogische Bezeichnungen sind:

1. das T e m p o h e m m e n d e

rit.	=	*ritardándo*	=	verlangsamend
rall.	=	*rallentándo*	=	verzögernd
riten.	=	*ritenúto*	=	zurückgehalten

2. das T e m p o v o r w ä r t s t r e i b e n d e

| string. | = | *stringéndo* | = | vorwärts drängend (sprich: strindschendo) |
| acc. | = | *acceierándo* | = | beschleunigend (sprich: atschelerando) |

Näherhin können diese agogischen Bezeichnungen noch durch folgende Zusätze bestimmt werden:

---

[1]) Mälzel, ein geborener Regensburger, war mit Beethoven befreundet und starb 1838 auf der Überfahrt nach Amerika. Vergleiche Beethovens Scherzkanon über das Klopfen des Metronoms bei Jöde (Der Kanon II).

[2]) Abgeleitet vom griechischen Hauptwort *agogé* = Führung.

molto	=	viel	(z. B. *molto rall.*),
poco	=	wenig	(z. B. *poco acc.*),
súbito	=	plötzlich	(z. B. *subito riten.*),
poco a poco	=	allmählich	(z. B. *poco a poco string.*).

Ein plötzliches Langsamer- oder Schnellerwerden wird gefordert durch:

meno mosso	=	langsamer,
più mosso	=	bewegter.

Eine Besonderheit unter den agogischen Angaben bildet das T e m p o r u b á t o.[1]) Man versteht darunter den freien und ausdrucksvollen Vortrag einer Melodie. Auch in Rezitativen kommt es häufig vor. Die Freiheit darf aber nicht zur rhythmischen Revolution führen, sondern muß im Rahmen des rhythmischen Flusses bleiben.

Soll nach einer Verzögerung oder Beschleunigung das ursprüngliche Tempo wieder eingehalten werden, so schreibt man: *a tempo*. Wenn nach einem schroffen Tempowechsel die e r s t e Tempobezeichnung wieder gelten soll, so gibt man an:

Tempo I° = tempo primo = erstes Tempo

(z. B. *Adagio — Allegro — Tempo I°*).

---

[1]) Wörtlich: „geraubtes Tempo".

Dynamische Bezeichnungen oder Tonstärkegrade

Zu den wichtigsten Mitteln, um musikalische Wirkungen zu erzielen, gehört die Verwendung verschiedener Tonstärkegrade oder verschiedener Dynamik.[1]) Die Worte, Buchstaben oder Zeichen, die zur Angabe der Stärkegrade dienen, werden dynamische Bezeichnungen genannt.

Auf zweierlei Weise können die Tonstärkegrade zur Anwendung kommen: Entweder werden sie unvermittelt einander gegenübergestellt (zum Beispiel: leise — laut), oder der zweite Stärkegrad wird in allmählichem Übergang erreicht. Im ersteren Fall spricht man von Stufendynamik, im letzteren Fall von Übergangsdynamik.

1. In der Stufendynamik unterscheidet man folgende Stärkegrade, die durch Buchstaben oder Worte ausgedrückt werden:

ppp = *pianissimo possibile* = so leise wie möglich
pp = *pianissimo* = sehr leise
p = *piano* = leise
mp = *mezzopiano* = halbleise
mf = *mezzoforte* = halbstark
f = *forte* = stark
ff = *fortissimo* = sehr stark
fff = *fortissimo possibile* = so stark wie möglich.

Außerdem werden auch noch folgende Bezeichnungen gebraucht:

con tutta forza	=	mit aller Kraft
più f	=	stärker
meno f	=	weniger stark
più p	=	leiser
meno p	=	weniger leise
rfz (rf)	=	*rinforzato* = verstärkt
sfz (sf)	=	*sforzato* oder *sforzando* = stark hervorgehoben.

Die beiden letzten Abkürzungen dienen zur Hervorhebung eines einzelnen Tones; dafür werden auch die Zeichen ∧ oder > verwendet.

2. Für die Übergangsdynamik, das heißt für das allmähliche Wachsen oder Abnehmen der Tonstärke, werden folgende Abkürzungen und Zeichen benützt:

cresc. = *crescendo*[2])	=	stärker werdend
poco a poco più forte	=	allmählich stärker
sempre più forte	=	immer stärker
	=	zunehmen, wachsen;
decresc. = *decrescendo*[2])	=	schwächer werdend
dim. = *diminuendo*	=	vermindernd
poco a poco più p	=	allmählich schwächer
sempre meno f	=	immer weniger stark
	=	schwächer werden.

[1]) Abgeleitet vom griechischen Hauptwort *dynamis* = Kraft, Stärke.
[2]) Sprich: kreschéndo und dekreschéndo.

Abnehmende Tonstärke bei gleichzeitiger Verlangsamung des Tempos wird gefordert durch:

calando	=	verhallend
mancando	=	versagend
deficiendo[1])	=	abnehmend
morendo	=	ersterbend
smorzando	=	verlöschend

Die Übergangsdynamik ist noch nicht alt. Sie erscheint zum erstenmal um die Mitte des achtzehnten Jahrhunderts in den berühmten Orchestercrescendi der Mannheimer Stamitz und Cannabich. Nach den damaligen Berichten erregte diese neue dynamische Steigerungsmöglichkeit bei den Zeitgenossen ungeheures Aufsehen. Die Wirkung war um so faszinierender, wenn dem dynamischen Höhepunkt in überraschender Weise ein *pp* folgt. Es gibt also zwei Möglichkeiten:

entweder *pp* ⎯⎯⎯⎯⎯⎯ *ff*

oder *pp* ⎯⎯⎯⎯⎯⎯ *pp*

Der alten Musik vor 1750 sind solche Crescendo-Effekte fremd. Dies ist durchaus kein Mangel; im Gegenteil hat die Dynamik höchste Bedeutung für den formalen Bau vieler ihrer Werke. In dem Chor von Lasso († 1594) „Holla welch gutes Echo" zum Beispiel werden *f* und *p* unmittelbar echoartig einander gegenübergestellt. Ebenso ist die Dynamik wesentlich für die Struktur der doppelchörigen „Sonata pian e forte" für Posaunen und Bratschen (Venedig 1597) des Giovanni Gabrieli († 1612). Diese Stellung behält die Dynamik auch in der folgenden Barockzeit (Bach und Händel).

Für die abgestufte Dynamik der Barockmusik wurde der Ausdruck Terrassendynamik geprägt. Ein besonders gutes Beispiel für sie bildet die Barockorgel, die kein Crescendo durch eine eingebaute Walze zuläßt und bei der dynamische Änderungen nur durch Manualwechsel oder durch Hinzuziehen oder Abstoßen von Registern möglich sind.

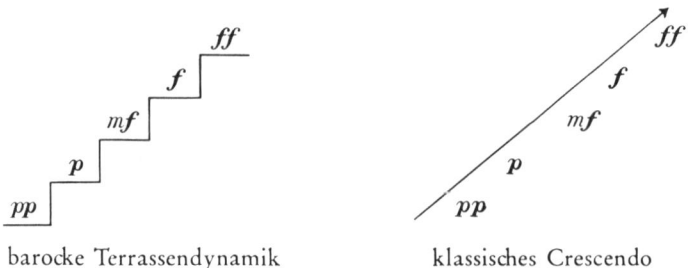

barocke Terrassendynamik   klassisches Crescendo

[1]) Sprich: defitschiéndo.

Abkürzungen

(Abbreviaturen)[1])

Abkürzungen können angewendet werden bei der Wiederholung von Tönen, Takten und Abschnitten.

Schreibweise

Ausführung

aber: seg.

seg. ist die Kürzung des italienischen Zeitwortes *segue* = es folgt (sprich: segwe). Statt seg. kann auch sim. stehen. Es ist die Kürzung des italienischen Wortes *simile* = ähnlich.

trem.   *non trem.*

trem. ist die Kürzung von *trémolo* = bebend, zitternd. Die Noten sollen so rasch wie möglich ohne eine bestimmte Anzahl von Wiederholungen gespielt werden.

Dagegen wird durch die Vorschrift non trem. *(non tremolo* = nicht bebend) eine ganz bestimmte Anzahl von Wiederholungen gefordert.

Soll eine kürzere Stelle zweimal gespielt werden, so setzt man das lateinische Wörtchen *bis* darüber:

bis

usf.

---

[1]) Abgeleitet vom lateinischen Wort *brevis* = kurz.

Die Wiederholung größerer Abschnitte wird durch das Wiederholungszeichen angegeben. Beim einfachen Wiederholungszeichen, das sich namentlich in Sonaten und Tänzen oft findet, beginnt das Stück wieder von vorne:

Beim doppelten Wiederholungszeichen wird der durch beide Zeichen eingeschlossene Abschnitt zweimal gespielt oder gesungen:

Wird bei der Wiederholung eines größeren Abschnittes der Schluß verändert, dann wird folgendermaßen geschrieben:

Auch die Angabe von Pausetakten kann — vor allem bei Orchesterstimmen — dadurch verkürzt werden, daß in einem Takt über zwei schrägen Strichen die Zahl der zu pausierenden Takte vermerkt wird:

D. C. al fine heißt ungekürzt *Da capo al fine* und bedeutet: Vom Anfang (wörtlich: vom Haupt) an soll das Stück gespielt werden bis zu der Stelle, wo *fine* steht. Allenfalls eingezeichnete Wiederholungen fallen dabei weg.

D. S. ist eine Kürzung aus *Dal segno* (wörtlich „vom Zeichen an"; sprich: senjo) und zeigt an, daß man die Wiederholung mit der Note, über welcher das Zeichen 𝄋 steht, beginnen soll.

Soll ein Stück bei der Wiederholung nicht mehr ganz gespielt, sondern von einer bestimmten Stelle ab auf einen angehängten Schluß (die Coda) übergesprungen werden: so lautet die Vorschrift: *da capo fin' al segno* 𝄋 *e poi la coda*, d. h.: vom Anfang an bis zum Zeichen 𝄋 , und dann die Coda.

Das Oktavzeichen zur Vermeidung vieler Hilfslinien haben wir schon oben (S. 13) kennengelernt.

c. *8va* (= *con* oder *coll' ottava*) steht über oder unter den Noten — meist in Orchesterstimmen — anstatt ausgeschriebener Oktaven.

Durch das Arpeggio-Zeichen wird gefordert, daß die Töne eines Akkordes von unten her nacheinander angeschlagen werden:

Ausführung:

Der Ausdruck *Arpeggio* (sprich: arpedscho) hat den selben Wortstamm wie *arpa* (= die Harfe). Dieses Zeichen verlangt also eine harfenartige Ausführung.

Verzierungen (Ornamentik[1])

ALLGEMEINES

Seit je pflegen Sänger und Instrumentalisten eine schlichte melodische Linie — sei es aus reinem Spieltrieb, sei es aus leidenschaftlichem Überschwang — auszuschmücken. So konnten die Sänger in der Melismatik[2] des gregorianischen Chorals ihre Kunst zeigen. Die beim Orgel- und Lautenspiel üblichen, instrumentalen Verzierungen wurden im ausgehenden Mittelalter „organistisch und lautenistisch Reißwerk" genannt. Eine Hochblüte erlebte die musikalische Ornamentik im siebzehnten und achtzehnten Jahrhundert, in der Zeit der Barocks und Rokokos. Bei der Klangarmut der damaligen Instrumente (Laute, Clavichord, Cembalo) ist diese Entwicklung verständlich. In jener Zeit unterschied man „willkürliche" (frei improvisierte) und „wesentliche Manieren". In der Zeit der Wiener Klassiker und in der sich anschließenden Romantik, die bereits den modernen Konzertflügel kannten, blieben von den zahlreichen barocken Manieren verhältnismäßig nur wenige übrig.

Seit dem sechzehnten Jahrhundert war es bereits üblich, für die Verzierungen, die in der gleichen Form sich immer wiederholten, also typisch waren, bestimmte Zeichen anzuwenden. Es war dann nicht mehr notwendig, jede Manier genau auszuschreiben. Diese Zeichen stellen also ebenfalls Abkürzungen oder Abbreviaturen dar.

Jede Zeit hatte ihre eigene Ornamentik mit Abbreviaturen, wie wir aus verschiedenen uns noch erhaltenen Verzierungstabellen ersehen können. Im folgenden müssen wir uns jedoch auf die heute gebrauchten Verzierungen beschränken. Daran schließt sich noch die barocke Ornamentik bei Joh. Seb. Bach.[3]

[1]) Abgeleitet vom lateinischen Zeitwort *ornare* = zieren, schmücken.

[2]) Abgeleitet vom griechischen Hauptwort *melos* = Lied, Gesang. Melisma = längere Tonreihe über *einer* Textsilbe.

[3]) Da nur das Notwendige behandelt werden kann, ist zum weiteren Studium empfehlenswert: H. Ehrlich, Die Ornamentik in Beethovens Klaviersonaten (1896). H. Ehrlich, Die Ornamentik in J. Seb. Bachs Klaviersonaten (1896). E. Dannreuther, Musical Ornamentation; das in letzterem Werk auf Bachs Klaviermusik Bezügliche ist in deutscher Sprache zu finden im Bachjahrbuch 1909. Vergleiche auch A. Beyschlag, Musikalische Ornamentik (1907).

VERZIERUNGEN DER KLASSIK UND ROMANTIK

1. **Langer Vorschlag.** Er wird durch eine kleine Note vor der Hauptnote bezeichnet. Meist entspricht der Wert dieser angegebenen kleinen Note dem Wert, in dem der lange Vorschlag auszuführen ist: entweder in Halben, Vierteln, Achteln oder Sechzehnteln.

In der Regel erhält also der lange Vorschlag bei einer zweizeitigen Hauptnote die Hälfte des Notenwertes derselben, bei einer dreizeitigen Hauptnote jedoch zwei Drittel des Hauptnotenwertes.

2. **Kurzer Vorschlag.** Er wird mit einer kleinen Achtelnote angegeben, deren Fähnchen quer durchgestrichen ist. Da er sehr rasch genommen werden muß, wird der Wert der Hauptnote nur ein wenig verkürzt:

3. **Doppelvorschlag.** Dieser zweifache kurze Vorschlag wird ebenso ausgeführt wie der einfache:

4. **S c h l e i f e r .** Er ist dann gegeben, wenn mehrere kurze Vorschlagsnoten stufenweise aufeinander folgen:

Schreibart:

Ausführung:

5. **N a c h s c h l a g .** Er ist das Gegenstück zum Vorschlag. Durch ihn wird nicht die folgende, sondern die vorausgehende Hauptnote verkürzt:

Schreibart:

Ausführung:

6. **P r a l l t r i l l e r .** Er besteht aus drei Tönen: Hauptton, oberem Nebenton und Hauptton. Die ersten beiden Töne werden sehr rasch gespielt. Gefordert wird der Pralltriller durch das Zeichen ⁓ . Im allgemeinen wird die diatonische obere Nebennote genommen. Wenn diese jedoch chromatisch verändert werden soll, wird dies durch ein Versetzungszeichen über dem Pralltriller angezeigt:

7. **M o r d e n t .** Er besteht ebenso wie der Pralltriller aus drei Noten. Die Hauptnote wechselt jedoch mit der **u n t e r e n** Nebennote. Für die Notation des Mordent wird das Pralltrillerzeichen benützt, dem jedoch ein senkrechter Strich eingefügt wird: ⁓ . Meist wird als untere Nebennote die kleine Untersekunde verwendet. Das allenfalls nötige Versetzungszeichen steht unter dem Mordentzeichen.

8. D o p p e l s c h l a g. Der Name erklärt sich daraus, daß sowohl die obere als auch die untere Nebennote mit der Hauptnote wechseln, daß also Pralltriller und Mordent vereinigt sind. Notiert wird der Doppelschlag mit dem Zeichen ∾ , das vermutlich aus ϑ entstanden ist.

a) Wenn das Doppelschlagzeichen ü b e r einer Note steht, dann wird der Doppelschlag mit vier Noten ausgeführt. Er beginnt mit dem oberen Nebenton, dem Hauptton, unterer Nebenton und Hauptton folgen. Von den vier Noten werden die drei ersten sehr rasch nach Art eines dreifachen kurzen Vorschlags gespielt, während die letzte Hauptnote länger ausgehalten wird. Nur im schnellen Tempo sind alle vier Noten gleichwertig. Versetzungszeichen über oder unter dem Doppelschlagzeichen zeigen eine chromatische Veränderung der oberen oder unteren Nebennote an.

b) Wenn das Zeichen z w i s c h e n zwei Noten steht, dann wird der Doppelschlag als mehrfacher Nachschlag ausgeführt, wodurch die Hauptnote ebenfalls verkürzt wird.

c) Wenn die Hauptnote punktiert ist, dann muß der Doppelschlag kurz vor dem Punkt vollendet sein.

9. T r i l l e r. Wesentlich beim Triller ist der rasche und häufige Wechsel des Haupttons mit seinem oberen Nebenton. Folgende Zeichen werden für den Triller gebraucht: *tr⌁⌁*, *tr*, ⌁⌁⌁ . Grundsätzlich wird mit dem Hauptton begonnen, ausgenommen der Fall, daß der Hauptton dem Triller unmittelbar vorausgeht. In diesem letzteren Fall wird mit der oberen Nebennote begonnen. Es ist üblich,

durch eine kleine Vorschlagsnote den Beginn mit dem oberen Nebenton anzudeuten. Soll der Nebenton chromatisch verändert werden, so muß dies durch ein Versetzungszeichen über dem Triller angezeigt werden. Beendet wird der Triller in der Regel durch einen Nachschlag: Hauptton, unterer Nebenton, Hauptton. Der Nachschlag wird häufig mit kleinen Noten noch besonders ausgeschrieben:

Wenn ein Triller zugleich auf zwei Tönen ausgeführt wird, dann ergibt sich ein Doppeltriller.

Eine Trillerkette entsteht dann, wenn auf mehreren Tönen nacheinander getrillert wird:

Im schnellen Tempo beschränkt sich die Ausführung eines Trillers manchmal auf einen Doppelschlag:

VERZIERUNGEN DES BAROCKS[1]

(vornehmlich bei J. S. Bach)

Die Verzierungen bilden einen wesentlichen Bestandteil der Barockmusik des siebzehnten und achtzehnten Jahrhunderts in Deutschland, Italien, Spanien, Frankreich und England. Manche Komponisten dieser Länder haben eigene Verzierungstabellen aufgestellt, um den Musikern genaue Anleitung zur Ausführung „dieses edelsten Musik-Teils"[2] zu geben. Der schönste Gesang und die beste Melodie ist nach Philipp Emanuel Bach „ohne Manieren" (das heißt ohne Verzierungen) „leer und einfältig". An der Notwendigkeit und inneren Berechtigung der musikalischen Ornamentik hat niemand gezweifelt; dies stellt Ph. E. Bach grundsätzlich fest, bevor er die Manieren behandelt. Darum hat auch selbstverständlich sein Vater Johann Sebastian Bach die Manieren seiner Zeit in seinen Kompositionen angewendet. Im Gegensatz zu seinen Zeitgenossen war er jedoch so sparsam in ihrem Gebrauch, daß ihm der Vorwurf gemacht wurde: „Alle Manieren, alle kleinen Verzierungen drückt er mit eigentlichen Noten aus."[3] Daß dieser allgemein gehaltene Vorwurf den Tatsachen nicht entspricht, weiß jeder Musiker, der die Instrumentalwerke Bachs kennt. Eine grundsätzliche Ablehnung aller Verzierungen lag ihm fern. Dem Klavierbüchlein seines ältesten Sohnes Wilhelm Friedemann (1720) hat er sogar eine Verzierungstabelle beigegeben. Schreibweise und Ausführung der Verzierungen ist in dieser Tabelle klar zu ersehen. Sie trägt die Überschrift „Explication unterschiedlicher Zeichen, so gewisse Manieren artig zu spielen andeuten".

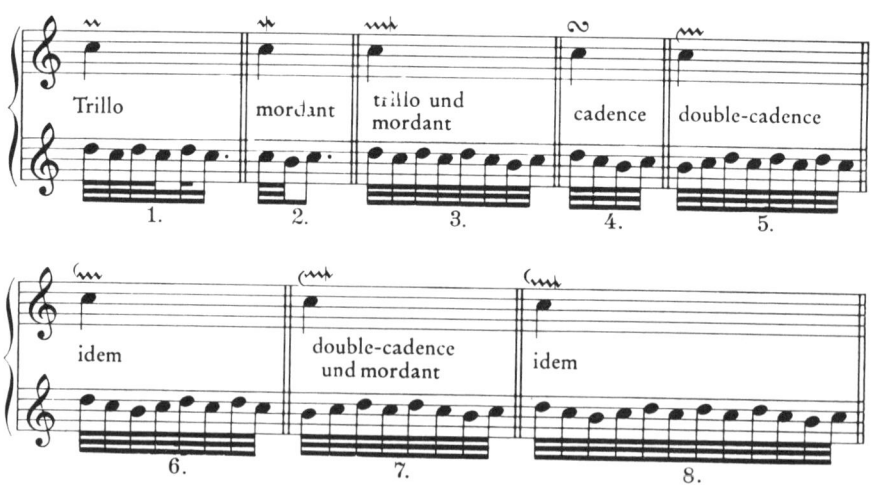

---

[1] Die wichtigsten Quellen für die barocke Ornamentik sind: Phil. Em. Bach, Versuch über die wahre Art, Klavier zu spielen (1753); Quantz, Versuch einer Anweisung, die Flöte, traversiere zu spielen (1752); Leopold Mozart, Violinschule; J. A. Hiller, Anweisung zum musikalisch-zierlichen Gesang (1780).

[2] G. Muffat, Florilegium secundum (1698).

[3] Scheibe, Kritischer Musikus (1737).

84

Es folgen nun kurze Erläuterungen zu den 13 Beispielen dieser Tabelle:

1. Das heute nur noch für den Pralltriller übliche Zeichen ⁓ verwendet Bach für den langen Triller; andere Zeichen dafür sind: *tr*, *t*, ⁓ . Wie ersichtlich, beginnt der barocke Triller mit der o b e r e n Nebennote. Nur wenn dieser Ton bereits unmittelbar vorausgeht, kann mit der Hauptnote angefangen werden, um eine Tonwiederholung zu vermeiden. Der Nachschlag fehlt. Die Schnelligkeit und Länge richten sich nach dem Wert der Hauptnote, dem Charakter des Stückes und dem Können des Spielers. Dabei ist als Regel zu beachten, daß die Triller in der alten Musik wesentlich ruhiger ausgeführt werden müssen als in der klassischen und romantischen.[1])

Auch den Pralltriller — Ph. E. Bach nennt ihn einen „halben Triller" — hat Bach gekannt. Wenn dieses Zeichen über einer Sechzehntelnote steht oder wenn die nächste Note eine fallende Sekund ist, dann ist lediglich ein Pralltriller zu spielen.

2. Der Mordent ist das Spiegelbild des Pralltrillers. Im Gegensatz zur späteren Zeit bevorzugt der barocke Mordent die große diatonische Untersekund. Neben dem kurzen gebraucht Bach auch einen längeren Mordent, den er durch ein verlängertes Zeichen angibt ⁓ .

3. Dieses Beispiel (Triller und Mordent) zeigt den heute allgemein verwendeten Triller mit Nachschlag.

4. Unter „Cadence" erscheint unser Doppelschlag, der mit der oberen Nebennote beginnt und vier Noten umschließt.

5. und 6. Eine „double Cadence" ergibt sich, wenn vor dem Triller ein Doppelschlag (Cadence) steht. Dieser beginnt im fünften Beispiel von unten (h c d c) und im sechsten von oben (d c h c). Durch ein mit dem Trillerzeichen verbundenes Häkchen wird der Doppelschlag von unten oder oben angezeigt.

7. und 8. Die beiden Formen der vorhergehenden „double Cadence" (Doppelkadenz) werden noch mit einem Mordent versehen, erscheinen also mit einem Nachschlag.

---

[1]) Der große Bachforscher Albert Schweitzer schreibt hierüber: „Am schönsten kommt das Ornament zur Geltung, wenn man die Ruhe in der Ausführung desselben fast affektiert."

9. und 10. „Akzent steigend" = langer Vorschlag von unten; „Akzent fallend" = langer Vorschlag von oben. Der lange Vorschlag war damals in Deutschland beliebt. Dabei wird nicht die Hauptnote, sondern der Vorschlag betont. Daher erklärt sich der alte Ausdruck „Akzent". Die Hauptnote wird mit dem Vorschlag verbunden und ohne Betonung gespielt. — Bach hat auch den kurzen Vorschlag gekannt; ein Beispiel dafür fehlt in dieser Tabelle.

11. Hier steht ein langer Vorschlag von unten vor einer Hauptnote, über der sich ein Mordent befindet.

12. Ein langer Vorschlag von oben mündet in einen Triller der Hauptnote. Dieser beginnt nicht mit der oberen Nebennote, weil diese unmittelbar vorausgeht.

13. Die Ausführung ist ebenso wie im vorhergehenden Beispiel (12), wird aber durch ein neues Zeichen gefordert: ein schräger Strich, der andeutet, daß die erste Note des Trillers (obere Nebennote) kurz angehalten werden soll.

Diese Tabelle ist nicht vollständig. Es fehlt die sogenannte Acciaccatura, das „figurierte" Arpeggio, wie die zeitgenössischen französischen Theoretiker es nannten. Dabei wird zu einem Ton ein kurzer Vorschlag von unten (vergleiche den Strich) gespielt.

Nicht alle Schwierigkeiten werden durch diese vorstehende Tabelle gelöst. Sie bleibt aber eine sichere Anleitung, die durch Erfahrung und Studium der oben genannten Quellenwerke ergänzt werden muß.

Grundbegriffe der musikalischen Akustik[1])

SCHALL, GERÄUSCH, TON

In der Akustik wird jeder Gehörseindruck als Schall bezeichnet. Physikalisch kommt ein Schall durch sehr schnelle und sehr kleine Schwingungen (Vibrationen) eines elastischen Körpers zustande, der fest, flüssig oder gasförmig sein kann. Die Schwingungen teilen sich der den Körper umgebenden Luft mit und gelangen dadurch ans menschliche Ohr. Diese Schwingungen sind den Bewegungen eines unter dem Einfluß der Schwerkraft schwingenden Pendels ähnlich. Darum werden sie als Pendelschwingungen bezeichnet.

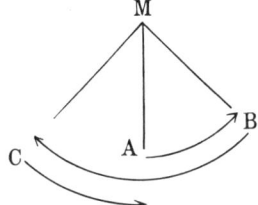

Die Doppelschwingung, die der Pendel vollzogen hat, wenn er zwischen B—C hin- und hergegangen ist, wird als eine Schwingung gerechnet. Die Schwingungsweite (Amplitude) wird ausgedrückt durch den Kreisbogen AB, der gleich AC ist. Die Schwingungszahl gibt an, wieviel Schwingungen in der Sekunde gemacht werden.

Die Schwingungen eines Uhrpendels können leicht vom Auge, die Schwingungen einer Holz- oder Eisenstange vom Tastsinn wahrgenommen werden; denn in beiden Fällen ist die Schwingungszahl klein und die Amplitude sehr groß. Gesichts- und Tastsinn versagen aber, wenn umgekehrt die Schwingungszahl groß und die Schwingungsweite sehr klein wird, wie zum Beispiel beim Normalton $\bar{a}$ einer Stimmgabel. Hier löst das Gehör die beiden andern Sinne ab. Das Ohr vermag die Schwingungen zwischen ungefähr 16 und 20000 in der Sekunde als Ton zu empfinden; doch liegt die obere Grenze der musikalisch brauchbaren Schwingungen schon bei etwa 5000.

Unter den vielen Schalleindrücken, die an das menschliche Ohr gelangen, kann ohne Schwierigkeit zwischen Geräuschen und Tönen unterschieden werden. Geräusche (zum Beispiel: Peitschenschlag, Wasserfall) haben ihren Ursprung in ungeregelten Schwingungen,[2]) Töne hingegen in regelmäßigen periodischen Schwingungen. Für die Musik im herkömmlichen Sinn des Wortes sind nur die periodischen, also in gleichen Zeitabständen in der selben Weise sich wiederholenden Schwingungen verwendbar.

Da die Elastizität der tongebenden Körper von besonderer Bedeutung ist, werden verwendet: Darm- und Stahlsaiten (Streichinstrumente, Laute, Klavier, Harfe),

---

[1]) Die Akustik ist ein Teilgebiet der Physik und behandelt die Lehre vom Schall. In der Allgemeinen Musiklehre kann nur ein kurzer Überblick über die akustischen Probleme gegeben werden. Für das weitere Studium sind zu empfehlen: Schäfer, Musikalische Akustik (Sammlung Göschen); Schumann, Musikalische Akustik (Jedermann-Bücherei).

[2]) Die unregelmäßigen Schwingungen bei Geräuschen können darauf zurückgeführt werden, daß der schwingende Körper infolge ungleicher Dichtigkeit und Härte nicht genügend elastisch ist und daß die Teilschwingungen zur Grundschwingung in keinem rationalen Verhältnis stehen.

Metall (Glocken), Metallstäbe (Stimmgabel), Metallzungen (Harmonium, Zungen-register der Orgel), Zungen aus leichtem Holz (Klarinetten, Oboe, Fagott), die in Röhren eingeschlossenen Luftsäulen (sämtliche Blasinstrumente und Orgelpfeifen). Durch Streichen, Zupfen, Anschlagen oder Blasen werden diese Körper aus ihrer Ruhelage gebracht und geraten in pendelartige Schwingungen.

Die meisten Tonkörper (Saiten, Metallstäbe, Zungen, Paukenfelle) führen Querschwingungen aus, nämlich Schwingungen, die senkrecht zu ihrer Ruhe-lage verlaufen. In einer eingeschlossenen Luftsäule können jedoch nur Längs-schwingungen zustandekommen, die abwechselnde Verdichtung und Verdünnung verursachen. Auch die ursprünglichen Querschwingungen werden dadurch, daß sie sich der umgebenden Luft mitteilen, in Längsschwingungen umgewandelt.

Den Unterschied zwischen Quer- und Längsschwingungen kann man leicht durch eine längere metallene Drahtspiralfeder veranschaulichen. Wird sie an den beiden festen Enden waagrecht aufgehängt, so macht sie Querschwingungen; wenn sie jedoch senkrecht hängend an dem einem Ende befestigt, dann einmal gezogen wird und sich selbst überlassen bleibt, so ergeben sich Längsschwingungen.

Die Schallgeschwindigkeit beträgt in der Luft etwa 340 m in der Sekunde, im Wasser etwa 1400 m, im Holz 3000—4000 m und im Eisen 5000 m. Diese Fortpflanzungs-geschwindigkeit ist sehr gering im Vergleich mit der des Lichtes, die 300 000 km in der Sekunde beträgt. Darum ist bei einem entfernten Gewitter der Blitz sofort zu sehen, wäh-rend der Donner erst nach einiger Zeit an unser Ohr dringt.

TONSTÄRKE, TONHÖHE UND KLANGFARBE

Die Tonstärke ist bedingt durch die Schwingungsweite (Amplitude) eines schwingenden Körpers. Diese wiederum ist abhängig von der Energie, die beispiels-weise beim Streichen oder Zupfen einer Saite angewendet wird. Eine kräftig ge-strichene Saite macht weitere Schwingungen und gibt einen stärkeren Ton als eine schwach gestrichene.

Die Tonhöhe wird eindeutig bestimmt durch die Schwingungszahl: Je größer die Schwingungszahl, desto höher der Ton.

Wenn wir die Saiten der Streichinstrumente (Violine, Viola, Violoncello, Kontra-baß) vergleichen, so können wir aus Erfahrung den Satz aufstellen: Je länger die Saite, desto tiefer der Ton. Oder mit anderen Worten: Je größer die Saiten-länge, desto kleiner die Schwingungszahl. Pythagoras, der griechische Philosoph und Mathematiker, hat schon im sechsten Jahrhundert vor Christus durch Versuche am Monochord[1]) gefunden, daß Saitenlänge und Schwingungszahl (Tonhöhe) im umgekehrten Verhältnis zu einander stehen. Naturgemäß gilt dieses Gesetz auch zwischen der Länge der Orgelpfeifen und der Schwingungszahl:

[1]) Wörtlich: Einsaiter. Dieses Instrument besitzt nur eine Saite, die über einem Resonanzkasten gespannt ist; durch einen verschiebbaren Steg kann diese eine Saite in verschiedene Teile untergeteilt werden.

Länge der Orgelpfeifen[1])	Schwingungszahl	Ton
32'	16	C_2
16'	32	C_1
8'	64	C
4'	128	c
2'	256	c^1
1'	512	c^2

Die Klangfarbe ist für die verschiedenen Instrumente charakteristisch. Darum ändern sich beispielsweise Klang und Färbung des Tones c^1 wesentlich, je nachdem dieser Ton von einer Violine, Flöte, Klarinette, Oboe, einem Horn oder einer Trompete gespielt wird.

Die Klangfarbe wird bestimmt:
durch die Art der Tonerzeugung (Streichen, Blasen, Anschlagen),
durch das Material und die Bauart des Instrumentes,
durch die Grundform der Schwingung[2]),
durch die Anzahl und Auswahl der einem Grundton beigemischten Obertöne und durch das Stärkeverhältnis dieser Obertöne zu ihrem Grundton (nach Helmholtz).[3])

Der Grundton oder Hauptton ist der stärkste Ton. Er entsteht durch die Schwingungen eines ganzen Klangkörpers. Die beim Musizieren vorzugsweise zur Verwendung gelangenden Tonkörper, nämlich Saiten und Luftsäulen, führen jedoch nicht nur Ganz-, sondern auch Teilschwingungen aus, das heißt: sie schwingen nicht nur in ihrer ganzen Länge, sondern gleichzeitig in der Hälfte, im Drittel, Viertel, Fünftel, Sechstel und so fort. Durch diese Teilschwingungen werden leise mitklingende Töne erzeugt, welche Obertöne genannt werden, weil sie höher sind als der Grundton.

Die halbe Länge einer Saite oder Luftsäule ergibt die Oktav; das Drittel ergibt die Quint der Oktav, das Viertel die Doppeloktav, das Fünftel die Terz der Doppeloktav und so fort. Die Gesamtheit der Obertöne wird Obertonreihe genannt.

[1]) Die Längenangaben beziehen sich auf „offene" Orgelpfeifen; denn gedeckte (oben geschlossene) Pfeifen klingen eine Oktav tiefer als gleichlange offene.
Das den Zahlen beigefügte Strichlein bedeutet „Fuß", ein altes Längenmaß, etwa $1/3$ m.
[2]) Die Klangfarbe ist stets schon im Grundton vorhanden und wird durch die Grundform der Welle bestimmt. Diese kann entweder die Form der einfachen reinen Sinuskurve ∿∿∿ zeigen, oder eine abrupte, spitzige oder zackige Form haben ᴧᴧᴧ . Zwischen diesen beiden Grundformen liegt eine ganze Reihe von Übergängen. Die erstere Form zeigen beispielsweise Flöte und Horn, die letztere Trompete und Oboe.
[3]) Genialer Physiker († 1894); sein berühmtes Werk: „Die Lehre von den Tonempfindungen".

89

OBERTONREIHE

Ein Ton, den wir als Einzelton hören, ist in Wirklichkeit aus vielen Tönen zusammengesetzt. Man nennt diese leise, kaum hörbar mitschwingenden Töne: Obertöne, Teiltöne, Partialtöne oder Aliquottöne.[1]) Über dem großen C als Grundton baut sich folgende Obertonreihe auf:

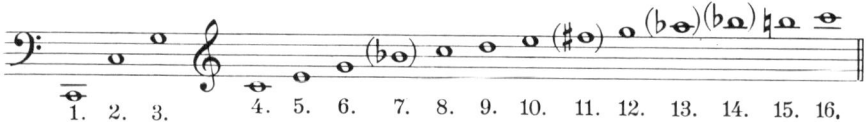

Diese Reihe setzt sich nach oben noch weiter fort, wobei der Grundton als erster Ton gerechnet wird. Wie aus dieser Folge von Aliquottönen zu sehen ist, ergeben der vierte, fünfte und sechste Teilton zusammen den Durdreiklang, der also im Gegensatz zum Molldreiklang eine Naturerscheinung darstellt. Die eingeklammerten Teiltöne b̄, f̄is, ās, b̄ haben nur annähernd gleiche Schwingungszahlen mit diesen Tönen, wie sie sonst in der Praxis verwendet werden. Sie finden in unserem Tonsystem praktisch keine Verwendung; man sagt, sie sind ekmelisch, während die anderen Teiltöne emmelisch[2]) sind.

Nach dem Muster dieser Obertonreihe über C lassen sich unschwer auch über jedem anderen Grundton die Teiltöne ermitteln: zum Beispiel Obertonreihe über D

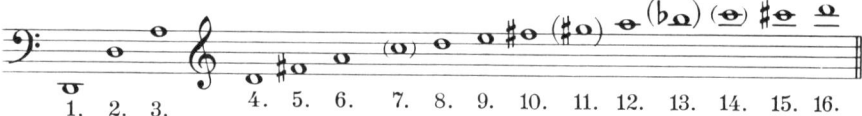

Obertonreihe über Es

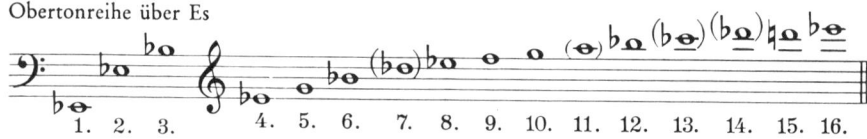

Von der Existenz der Obertöne kann man sich leicht am Klavier überzeugen. Helmholtz rät zu folgendem einfachem Versuch: Man drücke die Taste ē stumm nieder und schlage den Ton C laut an. Da der Ton e zu den Aliquottönen des großen C zählt, wird er mittönen. Wenn wir den ganzen Dreiklang c̄ ē ḡ (vierter, fünfter und sechster Teilton) stumm halten und C kräftig anschlagen, wird der ganze Dreiklang leise mittönen und gehört werden können.

---

[1]) Vom physikalischen Standpunkt aus stellt also jeder Ton bereits einen „Klang" dar; denn die Bezeichnung „Ton" kommt, genau genommen, nur den in einem Klang enthaltenen Teiltönen zu, die nicht mehr weiter zerlegt werden können.

[2]) Ekmelisch (griech.) = außerhalb des Melos stehend, das heißt: unserem Tonsystem fremd. Emmelisch = innerhalb des Melos stehend, also unserem Tonsystem angehörig.

Beim Instrumentalspiel wird die Obertonreihe praktisch angewendet. Die Flageolett-Töne[1]) auf den Streichinstrumenten sind Obertöne. Auf den vier
Saiten der Violine können je vier natürliche Flageolett-Töne gespielt werden. Alle
Flageolett-Töne beruhen darauf, daß man durch leichtes Berühren einer Saite nur
die Hälfte, ein Drittel, ein Viertel oder ein Fünftel von ihr frei schwingen läßt. Auf
der g-Saite erscheinen dann folgende Teiltöne:

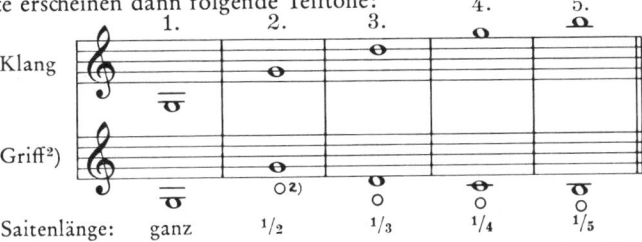

Saitenlänge: ganz $^1/_2$ $^1/_3$ $^1/_4$ $^1/_5$

Mit den gleichen Griffen werden auch auf den anderen Saiten die Flageolett-Töne
gewonnen. Bei weiterer Mensur[3]) (Violoncello und Kontrabaß) können auch der
achte und neunte Partialton noch erreicht werden.

Große Bedeutung hat die Obertonreihe beim Spiel der Holzblasinstrumente (Flöte, Klarinette, Oboe, Fagott). Da die Grundtöne nur eine einzige
Oktav, bei Klarinette und Fagott eine und eine halbe Oktav umfassen, werden
alle anderen Töne durch Überblasen, das heißt durch Blasen der Obertöne
gewonnen.

Am wichtigsten ist die Obertonreihe für die Blechinstrumente (Trompete,
Horn, Posaune); denn auf diesen Instrumenten vermag man nur Obertöne zu
spielen. Durch eingebaute Ventile (bei der Zugposaune durch Ausziehen) lassen sich
die Rohre verlängern und neue Grundtöne erzeugen, so daß insgesamt sieben Ober-
tonreihen geblasen werden können.

In der Orgelbaukunst spielen die Teiltöne, da sie die Klangfarbe der Register
entscheidend beeinflussen, eine große Rolle. Es werden einzelne Aliquotregister
gebaut: Quinte (Nasat $2\frac{2}{3}'$) Doppeloktav (Blockflöte 2'), Terz ($1\frac{3}{5}'$) und dreifache Oktav (Waldflöte 1'). Dadurch wird dem Organisten die Möglichkeit zu zahl-
losen Mischungen mit den Grundregistern geboten. Dem Orgelklang werden auch
durch mehrfache Mixturen[4]), die meist aus Oktaven und Quinten — dazu kommen
manchmal noch Terzen und Septimen — bestehen, künstliche Obertöne beigefügt.
Durch Mixturen wird der Klang einer Orgel silbrig hell, klar und glänzend.

Die samtweiche Blockflöte ist obertonarm; die schmetternde Trompete dagegen
hat zahlreiche Obertöne. Im Klange des Orgelregisters Quintatön hat, wie schon
der Name andeutet, die Quint, der dritte Teilton, ein Übergewicht. Die Farbe der
Klarinette wird durch das Fehlen der geradzahligen Teiltöne bestimmt; ebenso ist
es beim „Gedeckt" der Orgel.

[1]) Diese Obertöne wurden wegen des flötenartigen Klanges so genannt. Flageolett ist eine Schnabelflöte,
die heute nicht mehr gebraucht wird.
[2]) O über oder unter einer Note fordert den Flageolett-Ton, wobei die Saite nur berührt, nicht nieder-
gedrückt wird.
[3]) Maß, Maßverhältnis, Bauart (Lehnwort aus dem Lateinischen).
[4]) Wenn zum Beispiel eine Mixtur „siebenfach" ist, so besagt dies, daß zu jedem Ton sieben Obertöne
durch die Mixtur hinzukommen.

RESONANZ

Wenn die Saiten zweier Violinen gleich gestimmt sind und zum Beispiel die g-Saite der einen Violine gestrichen wird, gerät auch die g-Saite der anderen Violine in Schwingung. Dieses Mitschwingen und Mittönen nennt man Resonanz. Es ist eine eigenartige akustische Erscheinung, die sich daraus erklärt, daß jeder elastische tongebende Körper eine Eigenschwingung von bestimmter Wellenlänge hat und sofort in Schwingungen gerät, wenn er von Tonwellen der selben Länge getroffen wird.

Jedem Klavierspieler ist die folgende Tatsache bekannt: Wenn wir das Pedal des Klaviers niederdrücken, so daß die Dämpfung aufgehoben ist, und wenn wir jetzt einen Ton singen, gerät die Saite mit der gleichen Schwingungszahl (Tonhöhe) in Schwingung und tönt mit.

Wenn eine Stimmgabel angeschlagen und in die Luft gehalten wird, klingt ihr Ton nur schwach. Wenn sie jedoch auf eine hölzerne Tischplatte gesetzt wird, ist der Ton wesentlich lauter; denn die Fasern des als Unterlage dienenden Holzes werden zum Mitschwingen gebracht, und diese Vibrationen gehen von der Holzoberfläche auf die Luft über. Dadurch werden größere Luftmengen in Bewegung gesetzt als durch die kleine Oberfläche der Stimmgabel.

Die gleiche Aufgabe hat der Resonanzboden unserer Klaviere. Er macht die Schwingungen der Saiten mit und überträgt diese Schwingungen auf wesentlich größere Luftmassen, als es den Saiten möglich wäre.

Die Streich- und Zupfinstrumente haben einen Resonanzraum, welcher Corpus genannt wird. Durch zwei F-förmige Öffnungen ist die Innenluft des Corpus mit der Außenluft verbunden. Die Wände des Resonanzraumes nehmen die Schwingungen der Saiten auf und schwingen mit; auch durch die im Corpus befindliche Luft wird der Ton verstärkt.

SCHWEBUNGEN UND KOMBINATIONSTÖNE

Wenn zwei Saiten oder Pfeifen ganz rein im Einklang oder in der Oktav gestimmt sind, fließen die Töne ruhig zusammen. Ist die Stimmung nicht ganz rein, so hört man Schwebungen[1]) oder Stöße.

In der Tiefe sind Schwebungen zählbar; darum dient das Verschwinden von Schwebungen beim Stimmen tiefer Töne zur Feststellung der Reinheit.

Die Orgelbaukunst kennt „schwebende" Register: Vox coelestis, Unda maris, Vox humana.[2]) Die Schwebung wird bei diesen Registern auf folgende Weise erreicht: Für jeden Ton werden zwei Pfeifen gleicher Bauart und Länge verwendet;

---

[1]) Der Klang wird abwechselnd lauter und leiser, und dieses An- und Abschwellen der Klangstärke bezeichnet man als Schwebung.

[2]) Die drei lateinischen Registernamen lauten in deutscher Übersetzung: himmlische Stimme, Woge des Meeres, menschliche Stimme.

die zweite Pfeife wird jedoch um eine Kleinigkeit höher gestimmt. Dadurch ergibt sich jener sanft schwebende Klang.

Das Spiel der Streichinstrumente gewinnt an Schönheit durch Schwebungen, die durch das V i b r a t o erzielt werden. Das Vibrato beruht auf den kleinen Tonhöhenveränderungen, die der Spielende durch gleichmäßig schaukelnde Bewegungen des auf eine Saite gesetzten Fingers bewirkt.

Zu den Schwebungen gehören auch die K o m b i n a t i o n s t ö n e. Wenn zwei Töne zusammen erklingen (im nebenstehenden Beispiel c und g), so gesellt sich ihnen noch ein dritter, tieferer Ton hinzu (hier der Ton C), dessen Schwingungszahl gleich ist der Differenz der Schwingungszahlen der beiden Intervalltöne (192—128 = 64). Darum wird dieser tiefe Ton Differenzton genannt. Der italienische Geiger Tartini[1]) hat schon im achtzehnten Jahrhundert diese akustische Erscheinung beobachtet, unabhängig von ihm zur gleichen Zeit der deutsche Orgelmeister Sorge (1703—1778).

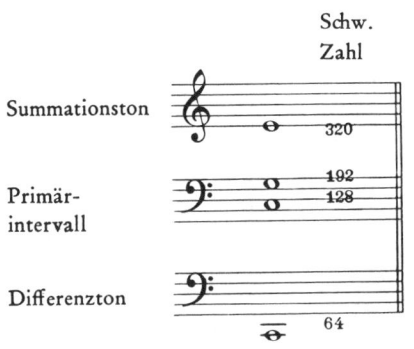

Violinspieler benützen die Erscheinung der Kombinationstöne beim Üben von Terz- und Sextgriffen zur Prüfung der Reinheit. Wird auf der Violine der Doppelgriff g—e^1 (Schwingungszahlen 192 und 320) rein und kräftig gespielt, so erscheint die Unterquint des tieferen Tones, der Ton c, als Kombinationston (Schwingungszahl 128). Die Terz e^1—g^1 (Schwingungszahlen 320 und 384) läßt den Kombinationston C (Schwingungszahl 64) hören. Den gleichen Kombinationston C ergibt auch die große Terz c^1—e^1 (Schwingungszahlen 256 und 320). — Beim Orgelbau kann man einen „akustischen" 32'-Ton herstellen, indem man zwei Orgelpfeifen gleicher Bauart C und G (Schwingungszahlen 64 und 96) zugleich ertönen läßt. Es erscheint dann das Kontra-C als Kombinationston (Schwingungszahl 32).

Helmholtz hat nachgewiesen, daß auch Summationstöne entstehen. Vergleiche in unserem Beispiel den Summationston e^1, dessen Schwingungszahl gleich ist der Summe der Schwingungszahlen des Primärintervalls (128+192=320). Die Summationstöne sind schwerer zu hören als die Differenztöne und werden darum in der praktischen Musikübung nicht benützt. Unter Kombinationstönen sind im allgemeinen nur die oben gezeigten Differenztöne zu verstehen.

[1]) 1692—1770. Er nannte diesen Kombinationston „terzo suono" = dritten Ton. Zwei Töne eines konsonanten Intervalls rufen als Obertöne ihren gemeinsamen Grundton, diesen dritten Ton hervor.

RAUMAKUSTIK

Für musikalische Aufführungen in Kirchen, Konzertsälen und Theatern sind die akustischen Verhältnisse dieser Räume von entscheidender Bedeutung. Die Hörsamkeit großer Räume ist abhängig von der Art, wie die Klänge reflektiert, das heißt: zurückgeworfen werden. In der Luft breiten sich die Schallwellen kugelförmig aus; treffen sie jedoch auf eine feste Wand, so werden sie nach den gleichen Gesetzen zurückgeworfen, wie die Licht- und Wasserwellen oder auch wie Gummibälle. Dabei erfolgt die Reflexion (Rückwurf) im gleichen Winkel, in dem sie eingefallen sind. Der Nachhall, der dadurch entsteht, soll und kann den Klang verstärken. Wenn er aber durch die Länge des Raumes eine Verzögerung erleidet oder gar in E c h o übergeht, wirkt er störend. In diesem Fall muß man die Wände mit Stoffen und Teppichen bekleiden, die schalldämpfend wirken. Darum ist der Nachhall in einem von vielen Menschen besetzten Raum wesentlich geringer als in einem leeren. (Die Dauer des Nachhalls, die durch die Größe eines Raumes bestimmt wird, ist beispielsweise in der gotischen Thomaskirche zu Leipzig für Sänger und Spieler sehr günstig. In der vollbesetzten Kirche beträgt die Nachhalldauer 2,2 Sekunden, so daß auch rasche Tonfolgen zur Geltung kommen. Diese akustischen Verhältnisse der Thomaskirche waren zweifellos für das Schaffen J. S. Bachs von größter Bedeutung.)

Der längliche, rechteckige Bau bietet die besten architektonischen Voraussetzungen für eine ideale Hörsamkeit. Der Rundbau hingegen ist vom raumakustischen Standpunkt aus abzulehnen[1]). Noch heute, nach mehr als hundertfünfzig Jahren, hat darum Chladni, der Freund Goethes, recht, wenn er vorschlägt, die Musiksäle in rechteckiger Form zu bauen, weil in den alten Basiliken, die bekanntlich in dieser Form gebaut sind, alles, was an dem abgerundeten Ende gesprochen wird, an dem anderen sehr deutlich zu hören ist.

---

[1]) Über Raumakustik existiert bereits eine reiche Literatur. Vergleiche E. Michel, Hörsamkeit großer Räume (Braunschweig 1921); derselbe, Raumakustisches Merkblatt (Hannover 1931); Th. Schultes, Untersuchungen zur Raumakustik (Darmstadt 1936).

Tonsysteme und Stimmungen

REINE STIMMUNG

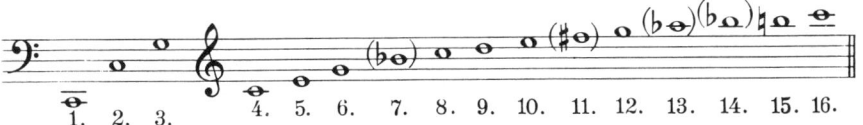

Aus der uns bekannten Obertonreihe lassen sich die Schwingungsverhältnisse folgender Intervalle ohne weiteres abnehmen:

$$C - c \quad \text{reine Oktav} \qquad = \quad 1:2$$

c — g reine Quint	= 2:3	$\left.\rule{0pt}{18pt}\right\}$ Oktav $\quad \frac{2}{3} \cdot \frac{3}{4} = 1:2$
g — c¹ reine Quart	= 3:4	
c¹ — e¹ große Terz	= 4:5	$\left.\rule{0pt}{18pt}\right\}$ Quint $\quad \frac{4}{5} \cdot \frac{5}{6} = 2:3$
e¹ — g¹ kleine Terz	= 5:6	
d² — e² kleiner Ganzton	= 9:10	$\left.\rule{0pt}{18pt}\right\}$ gr. Terz $\quad \frac{8}{9} \cdot \frac{9}{10} = 4:5$
c² — · d² großer Ganzton	= 8:9	
h² — c³ Halbton	= 15:16	$\left.\rule{0pt}{18pt}\right\}$ kl. Terz $\quad \frac{8}{9} \cdot \frac{15}{16} = 5:6$

Wenn wir diese Schwingungsverhältnisse in eine Oktav legen, ergibt sich folgende reine Durtonleiter:

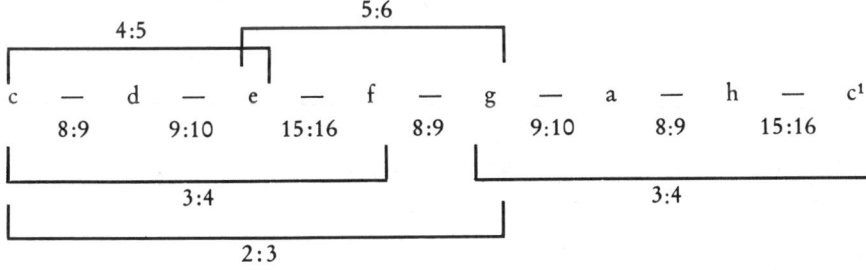

Die beiden Tetrachorde der Tonleiter (c—f und g—c¹) sind durch einen großen Ganzton (8:9) verbunden. Das zweite Tetrachord beginnt aber im Gegensatz zum ersten mit einem kleinen Ganzton (9:10); dadurch sind auch auf f und g große Terzen möglich.

Der Unterschied zwischen großem und kleinem Ganzton ($\frac{8}{9} : \frac{9}{10} = \frac{8 \cdot 10}{9 \cdot 9} = \frac{80}{81}$) bezeichnet man als s y n t o n i s c h e s K o m m a.

Die kleine Terz d—f ist um ein syntonisches Komma zu eng; auch die Quint d—a ist um ein syntonisches Komma zu eng. Der Dreiklang auf der zweiten Stufe ist in der reinen Stimmung dissonant.

Die Schwingungszahlen der reinen Durtonleiter zeigen also folgende Verhältnisse:

c	d	e	f	g	a	h	c	
1	$\frac{9}{8}$	$\frac{5}{4}$	$\frac{4}{3}$	$\frac{3}{2}$	$\frac{5}{3}$	$\frac{15}{8}$	$\frac{16}{8}$	$= 2$

Die Sext a und die Septim h werden auf folgende Weise errechnet:

$$a = \text{reine Quart (c—f)} + \text{große Terz} = \frac{4}{3} \cdot \frac{5}{4} = \frac{5}{3};$$
$$h = \text{reine Quint (c—g)} + \text{große Terz} = \frac{3}{2} \cdot \frac{5}{4} = \frac{15}{8}.$$

Zusammenfassend läßt sich sagen: Das aus reinen Quinten und natürlichen Terzen aufgebaute Tonsystem weist auf allen Stufen (mit Ausnahme der zweiten Stufe) konsonante Akkorde auf und ist darum besonders geeignet für den unbegleiteten Chorgesang.

PYTHAGOREISCHE STIMMUNG

Dieses Tonsystem hat seinen Namen von dem uns schon bekannten griechischen Philosophen und Mathematiker Pythagoras von Samos (geboren 582 v. Chr.). Er hat die griechischen Tonleitern aus Quintschritten entwickelt. Ebenso kann die Durtonleiter von folgender Quintenkette abgeleitet werden:

Töne:	c	g	d^1	a^1	e^2	h^2
Schwingungszahl:	1	$\frac{3}{2}$	$\frac{9}{4}$	$\frac{27}{8}$	$\frac{81}{16}$	$\frac{243}{32}$

Der fehlende Ton f wird durch einen Quintschritt abwärts von c^1 gewonnen: $2 : \frac{3}{2} = \frac{4}{3}$. Daraus ergeben sich für die pythagoreische Leiter folgende Schwingungsverhältnisse durch Versetzung in e i n e Oktav:

c	d	e	f	g	a	h	c^1	
1	$\frac{9}{8}$	$\frac{81}{64}$	$\frac{4}{3}$	$\frac{3}{2}$	$\frac{27}{16}$	$\frac{243}{128}$	$\frac{256}{128}$	$= 2$

Der Unterschied zwischen der reinen und pythagoreischen Leiter wird restlos geklärt, wenn wir die jetzt folgenden Intervalle der pythagoreischen Leiter mit den oben angegebenen Intervallen der reinen Leiter vergleichen:

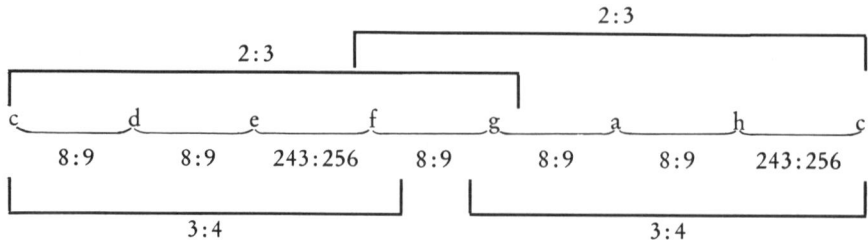

Die pythagoreische Tonleiter verwendet nur den großen Ganzton. Darum ist die pythagoreische Terz um ein syntonisches Komma größer als die reine Terz. Der pythagoreische Halbton ($\frac{243}{256}$) wird durch Subtraktion der großen Terz von der reinen Quart ($\frac{3}{4} : \frac{64}{81} = \frac{243}{256}$) gefunden. Verglichen mit der reinen Stimmung, sind die Töne e, a und h um ein syntonisches Komma zu hoch. Alle Quinten (auch d—a) und alle Quarten sind zwar rein, aber sämtliche Terzen dissonant. Die großen Terzen sind zu weit und die kleinen zu eng. Darum sind sämtliche Dur- und Molldreiklänge nicht rein.

Zusammenfassend kann also festgestellt werden: Mit dem pythagoreischem Tonsystem lassen sich keine reinen Harmonien erreichen; es ist jedoch günstig für die harmoniefreie Melodik der alten Kirchentonarten, vor allem der mittelalterlichen Gregorianik.

TEMPERIERTE STIMMUNG

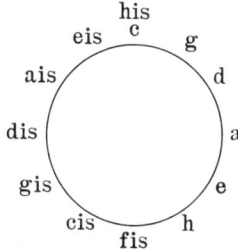

Wenn man im Quintenzirkel zwölf reine Quinten aufwärts schreitet, so liegt der Ziel- und Endton his höher als der Ausgangston c. Er ist um das pythagoreische Komma $\frac{531441}{524288}$ größer; dieses Komma wird meist mit dem Näherungswert $\frac{74}{73}$ angegeben.

Umgekehrt wird der Ton his zu tief, wenn his den Endton von drei reinen aufwärts gehenden Großterzen e—gis—his darstellt. In diesem Fall ist die Schwingungszahl von his (125) kleiner als diejenige von c (128).[1] Tasteninstrumente, deren Oktav nur in zwölf Stufen geteilt ist, lassen sich also mathematisch nicht rein stimmen.

Die Zeit vor J. S. Bach[2] suchte diese Stimmungsprobleme auf folgende Weise zu lösen: C-dur und seine unmittelbaren Nachbartonarten wurden möglichst rein gestimmt. Dies hatte zur Folge, daß alle ferner liegenden Tonarten mit vier und mehr Vorzeichen starke Schwebungen und große Unreinheiten — sogenannte Wölfe — aufwiesen und dadurch unbrauchbar wurden. Dieser Übelstand wurde immer fühlbarer, je mehr sich das Modulationswesen[3] entwickelte.

[1] Dieses Schwingungsverhältnis 125 : 128 ist errechnet aus der Summe von drei großen Terzen mit Oktavrücksetzung: $^5/_4 \cdot {}^5/_4 \cdot {}^5/_4 = {}^{125}/_{64} : 2 = {}^{125}/_{128}$
[2] So Arnold Schlick in seinem „Spiegel für Orgelmacher und Organisten" (1511).
[3] Unter Modulation ist der Übergang von einer Tonart in andere Tonarten zu verstehen.

Zur Zeit J. S. Bachs machte Andreas Werckmeister[1]) den Vorschlag, den Unterschied zwischen his und c (das pythagoreische Komma) auf alle zwölf Quinten gleichmäßig zu verteilen, also jede Quinte nicht mehr rein (2:3), sondern ein wenig tiefer ($\sqrt[12]{\frac{74}{73}}$) zu stimmen.[2]) Bei dieser Stimmung ist zwar keine Tonart mehr völlig rein, aber alle Tonarten werden gleichmäßig brauchbar und können enharmonisch vertauscht werden. Weil in ihr die Unreinheiten der früheren Stimmweise ausgeglichen sind, wird sie t e m p e r i e r t e[3]) S t i m m u n g genannt.

Bei dieser Stimmung verlieren zwar alle Intervalle — ausgenommen die Oktav, die rein bleibt — ihre absolute Reinheit.[4]) Diese Abweichungen von der reinen Stimmung sind aber so winzig, daß sie bei der praktischen Musikübung in keiner Weise störend empfunden werden; denn auf die Tonvorstellung hat die Temperierung keinen Einfluß. Die temperierten Intervalle sind Symbole für die reinen Werte.

J. S. Bach war, wie auch andere zeitgenössische Musiker,[5]) von der Idee Werckmeisters begeistert. Schon in seinen zweistimmigen Inventionen und dreistimmigen Sinfonien hatte er versucht, den Tonartenkreis auszuweiten. Durch die damals neu aufkommende Temperierung war das Stimmungsproblem für die Tasteninstrumente gelöst. Jetzt war es möglich, in sämtlichen Tonarten zu präludieren. Den praktischen Beweis hiefür erbrachte Bach in seinem berühmten zweibändigen Werk: „Das wohltemperierte[6]) Klavier" (1722). Der erste Band enthält für jede der zwölf Tasten je ein Präludium mit Fuge in Dur und je eines in Moll. Der zweite Band ist ebenso eingeteilt, so daß das ganze Werk 48 Präludien und Fugen umfaßt. Diese stehen in allen Tonarten, auch in solchen, die früher nicht gebraucht werden konnten, wie H-, Fis- und Cis-dur, ferner b-, es- und gis-moll.

Es wurden Tasteninstrumene in reiner Stimmung gebaut: Ein Reinharmonium von Bosanquet nach Angaben von Mercator, das 53 Tasten in der Oktav hatte, ebenso wie dasjenige von Oettingen. Diese und andere reine Tasteninstrumente können in der musikalischen Praxis nicht gebraucht werden. Sie sind mit ihren 53 Stufen viel zu kompliziert.

---

[1]) In seinem Werk „Musikalische Temperatur und wahrer mathematischer Unterricht, wie man die Orgelwerke ... wohltemperiert stimmen könne" (1691).

[2]) Die Oktav wird dadurch in zwölf unter sich ganz gleiche Halbtöne geteilt. Dabei fällt der Unterschied zwischen cis und des, es und dis usw. fort.

[3]) Vom lateinischen Zeitwort *temperare* = mäßigen, mildern, ausgleichen.
Sie heißt auch g l e i c h s c h w e b e n d e T e m p e r a t u r, weil jede temperiert gestimmte Quint in der Sekund ungefähr eine Schwebung macht; die früher gebräuchliche Temperatur war dagegen ungleich schwebend. C-dur und seine Nachbartonarten waren schwebungsfrei, während die anderen Tonarten starke Schwebungen aufwiesen.

[4]) Wie schon oben bemerkt, ist die temperierte Quint kleiner als die reine; umgekehrt ist die temperierte Terz größer als die reine Terz.

[5]) Pachelbel, J. K. Fischer, Mattheson.

[6]) Wohltemperiert = gleichmäßig temperiert.

Kleine Instrumentenkunde

Die Instrumente werden eingeteilt in: Saiten-, Blas- und Schlaginstrumente.
Die Saiteninstrumente zerfallen in zwei Gruppen: Streich- und Zupfinstrumente.
Die Blasinstrumente werden nach dem Material, aus dem sie gefertigt sind, unterschieden in: Holz- und Blechblasinstrumente.

SAITENINSTRUMENTE

Streichinstrumente sind: die Violine, die Viola oder Bratsche, das Cello und der Kontrabaß

Besaitung (leere Saiten der Violine oder Geige:

Besaitung der Viola oder Bratsche:

Besaitung des Violoncello oder (gekürzt) Cello:

Besaitung des Kontrabasses: Er klingt eine Oktav tiefer als geschrieben.

Die Viola wurde früher Viola da braccio[1]) (sprich: bratscho), das heißt Armgeige, genannt; daraus erklärt sich der Name „Bratsche". Es gab früher auch eine Viola da gamba,[1]) das heißt Kniegeige; die Gambe war der Vorläufer unseres heutigen Cello (sprich: Tschello) und wird bei Aufführungen alter Musik auch in unseren Tagen häufig gespielt. Der Kontrabaß heißt Violone; davon ist Violoncello die Verkleinerungsform.

Von den Zupfinstrumenten hat nur die Harfe Eingang ins Orchester gefunden. Der Tonumfang der Harfe erstreckt sich vom Kontra-Ces bis zum ges4. Die Pedale dienen zur Herstellung chromatischer Zwischenstufen.

Die Zither, Gitarre (Laute) und Mandoline sind Hausmusik-Instrumente.

Nach der Art der Tonerzeugung gehört auch das Klavier zu den Saiteninstrumenten. Man faßt jedoch Klavier, Orgel und Harmonium — die beiden letzteren zählen eigentlich zu den Blasinstrumenten — unter dem Sonderbegriff Tasteninstrumente zusammen.

---

[1]) Die Worte kommen aus dem Italienischen: *braccio* = der Arm und *gamba* = der Fuß.

Das Klavier (Flügel) hat einen Umfang von A_2 bis c^5. Die Saiten werden von Filzhämmern angeschlagen. Durch das rechte Pedal wird die Dämpfung aufgehoben. Durch das linke werden die Hämmer seitlich verschoben, so daß nicht mehr der ganze Saitenchor vom Anschlag der Hämmer getroffen wird; dadurch wird ein leiser Ton erzeugt (daher der Name „Pianoforte"). Die Vorläufer des Klaviers, das erst seit Ende des achtzehnten Jahrhunderts im allgemeinen Gebrauch steht, sind Clavichord und Cembalo.

Das Clavichord (lateinisch *clavis* = Taste und *chorda* = Saite) war ein beliebtes Hausinstrument. Die Saiten werden durch metallene Tangenten angeschlagen. Der Ton ist zwar zart, aber ausdrucksvoll und kann durch den Anschlag dynamisch schattiert werden.

Das Cembalo (von lateinisch *cymbalum*, ein Schlaginstrument der Antike) wird auch Kielflügel, Spinett (lateinisch *spina* = Dorn) oder Clavecin genannt. Die Saiten werden durch Rabenkiele angerissen. Im Gegensatz zum zarten Clavichord-Ton klingt der des Cembalo metallisch-hell. Deshalb eignet es sich als Konzertinstrument. Da die Tonstärke nicht verändert werden kann, hat es zwei Manuale (= Klaviaturen): ein unteres, Forte-Manual mit 8'- und 4'-Register, und ein oberes, Piano-Manual nur mit 8'.

BLASINSTRUMENTE

Holzblasinstrumente, die im Orchester gebraucht werden, sind folgende: die Flöte, die Oboe, die Klarinette und das Fagott.

Die Flöte reicht von c^1 bis c^4. Im Gegensatz zur früher gebräuchlichen Schnabelflöte, die gerade gehalten wurde, wird die jetzige auch Querflöte oder Traversflöte genannt. Die kleine oder Piccoloflöte steht eine Oktav höher.

Die Oboe oder Hoboe[1]) reicht vom h bis f^3. Sie ist schmächtiger gebaut als die Klarinette. Das Englischhorn ist eine Altoboe (also kein Blechblasinstrument!) und klingt eine Quint tiefer als geschrieben:

Man erkennt das Englischhorn an dem birnenförmigen Schallbecher.

Die Klarinette reicht der Notierung nach von e—g^3. Die C-Klarinette gibt die Töne so, wie sie geschrieben stehen. Die B-Klarinette klingt eine große Sekund tiefer und die A-Klarinette eine kleine Terz tiefer als notiert. Im Symphonieorchester werden nur die B- und A-Klarinette verwendet.

Die Altklarinette oder das Bassetthorn klingt eine Quint tiefer als geschrieben.

Die Baßklarinette in B steht eine Oktav tiefer als die gewöhnliche Klarinette in B.

[1]) Der Name kommt von dem französischen Wort für dieses Instrument *hautbois* (sprich: Oboá).

Das F a g o t t besteht aus zwei miteinander verbundenen parallelen Röhren.[1]) Man kann es an dem S-förmig gebogenen, dünnen, metallenen Mundstück erkennen. Der Tonumfang beträgt drei Oktaven: B_1 bis b^1.

Das Kontrafagott klingt ebenso wie der Kontrabaß eine Oktav tiefer als geschrieben und hat einen Klangumfang vom Subkontra B bis zum f, also zweieinhalb Oktaven.

Die S a x o p h o n e sind zwar aus Metall, haben aber Schnabel und einfaches Rohrblatt wie die Klarinette und ein konisches Schallrohr wie die Oboe. Sie werden alle im Sopran-Schlüssel notiert; ihr Umfang beträgt:

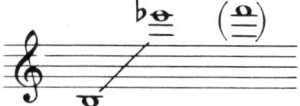

Sopran-Saxophon klingt wie notiert,

Alt-	Saxophon in F klingt eine Quint	tiefer,
Tenor-	Saxophon in C klingt eine Oktav	tiefer,
Bariton-	Saxophon in F klingt eine Duodezim	tiefer,
Baß-	Saxophon in C klingt zwei Oktaven	tiefer.

B l e c h b l a s i n s t r u m e n t e, die im Symphonieorchester Verwendung finden sind folgende:

Das H o r n ist rund und endet in einem großen Schallbecher (Stürze). Sein Ton ist weich und schwärmerisch. Auf dem Ventilhorn — Robert Schumann hat es ins Orchester eingeführt — können sämtliche Töne der chromatischen Skala geblasen werden. Der Tonumfang erstreckt sich von C bis c^2. Heute werden meist nur Hörner in F verwendet, die im Baßschlüssel eine Quart höher und im Violinschlüssel eine Quint tiefer klingen als notiert:

Die T r o m p e t e hat eine gerade Form und eine kleine Stürze. Ihr Ton ist hell und schmetternd. Die Ventiltrompete, die zuerst um 1830 von Stölzel gebaut wurde, verfügt über die ganze Tonleiter mit allen Halbtönen. Im Symphonieorchester wird meist die B-Trompete verwendet, es kommen aber auch die Stimmungen in C und A vor. Der Umfang der C-Trompete beträgt drei Oktaven von c bis c^3. Die B-Trompete klingt einen Ganzton und die A-Trompete eine kleine Terz tiefer als geschrieben.

Englischhorn, Klarinette, Horn und Trompete sind transponierende Instrumente.

Die P o s a u n e, eine lang gestreckte Doppelröhre mit großer Stürze, wurde früher in drei Größen gebaut als Alt-, Tenor- und Baßposaune. Heute wird im all-

---

[1]) Daraus erklärt sich der Name; denn *fagotto* (italienisch) bedeutet Bündel.

gemeinen nur mehr die Tenorposaune verwendet, die einen Umfang von E bis c¹ hat. Posaunen transponieren nicht, sie klingen deshalb so, wie notiert. Im Symphonieorchester werden nur Zugposaunen gebraucht.

SCHLAGINSTRUMENTE

Die Pauken sind unter den Schlaginstrumenten am wichtigsten. Notwendig sind immer mindestens zwei Pauken, die meist auf Tonika und Dominante, also erste und fünfte Stufe der betreffenden Tonart, gestimmt werden. Der Umfang der größeren Pauke beträgt F—c, der kleineren B—f. Bei Maschinenpauken ist jederzeit — auch mitten in einem musikalischen Satz — eine Umstimmung möglich, da diese mechanisch erfolgt.

Keinen genau bestimmbaren Ton haben:
Große Trommel;
Kleine Trommel;
Tamburin oder Baskische Trommel;
Becken oder Cinelli (sprich Tschi-), das sind große dünne Metallscheiben, die gegeneinander geschlagen werden;
Tamtam oder Gong, eine große tiefklingende Metallscheibe;
Triangel, ein zu einem Dreieck gebogener Stahlstab, der mit einem Metallstück angeschlagen wird;
Kastagnetten, halbkugelige Holzstückchen, die gegeneinander geschnellt werden.

Musikalisch abgestimmt sind:
Glocken, sie bestehen aus Metallröhren;
Xylophon oder Strohfiedel, abgestimmte kurze Holzstäbe, die mit Klöppeln angeschlagen werden;
Celesta, ein Stahlspiel mit Klaviatur.

BESETZUNG

In der Kammermusik ist jede Stimme nur einfach besetzt:

Ein	Duo oder Duett (zum Beispiel von Boccherini)	verlangt zwei	Spieler;
ein	Trio (zum Beispiel von Beethoven)	„ drei	„ ;
„	Quartett (zum Beispiel von Haydn)	„ vier	„ ;
„	Quintett (zum Beispiel von Schubert)	„ fünf	„ ;
„	Sextett (zum Beispiel von Brahms)	„ sechs	„ ;
„	Septett (zum Beispiel von Beethoven)	„ sieben	„ ;
„	Oktett (zum Beispiel von Mendelssohn, von Spohr Doppelquartett)	„ acht	„ ;
„	Nonett (zum Beispiel von Spohr)	„ neun	„ .

In der Regel ist die Kammermusik mit Streichern besetzt. Es sind üblich:
Streichtrio für Violine, Bratsche und Cello;
Streichquartett für zwei Violinen, Bratsche und Cello;
Streichquintett für zwei Violinen, zwei Bratschen und Cello
        oder eine Bratsche und zwei Celli.
Größere Besetzungen mit sechs bis neun Streichern (siehe oben) sind seltener.
Wenn sich zu den Streichern noch ein Klavier gesellt, heißt dieses Ensemble
Klaviertrio (zum Beispiel von Brahms), Klavierquartett (zum Beispiel von Mozart).
Es kann auch ein Blasinstrument zu dem Streichquartett hinzukommen, zum Bei-
spiel eine Klarinette; dann nennt man diese Besetzung Klarinettenquintett (zum
Beispiel von Mozart).
Es gibt auch Kammermusik für Bläser, die viele Besetzungsmöglichkeiten aufweist.
Im Gegensatz zur Kammermusik sind beim S t r e i c h o r c h e s t e r die einzelnen
Stimmen mehrfach besetzt. Beim kleinen Orchester sind zwar die Streicher normal
besetzt, aber es wirken nur wenige Bläser mit. Die volle Besetzung mit Streichern
und sämtlichen Bläsern hat erst das g r o ß e O r c h e s t e r .
Die Zusammenstellung sämtlicher Stimmen eines Orchester- oder mehrstimmigen
Vokalsatzes, wobei für jede Stimme ein eigenes Notensystem verwendet wird und
alle diese Notensysteme untereinandergeschrieben werden, wird Partitur genannt.
Das große Orchester der Wiener Klassiker[1]) zeigt folgendes P a r t i t u r b i l d :

2 Flöten	
2 Oboen	Holzblasinstrumente,
2 Klarinetten	solistisch besetzt
2 Fagotte	
2—4 Hörner	Blechblasinstrumente,
2 Trompeten	solistisch besetzt
1—3 Posaunen	
2 Pauken	Schlagzeug
1. Violine	
2. Violine	Streichquintett,
Viola	chorisch besetzt[2])
Cello	
Kontrabaß	

[1]) Mozart, Haydn und Beethoven.
[2]) Große Orchester haben heute meist folgende Streicherbesetzung: 16 erste Violinen
                                                        16 zweite Violinen
                                                        14 Bratschen
                                                        10 Celli
                                                        8 Kontrabässe.

Kurzer Abriß der musikalischen Formenlehre

In der Kunst darf nicht Willkür, sondern müssen Maß und Ordnung herrschen. Diese Ordnung kann in den Werken der bildenden Kunst, vorab der Baukunst am leichtesten erkannt werden. Bei der Musik, die eine Kunst des zeitlichen Ablaufs darstellt, ist die ihr innewohnende Ordnung und Form nur im Nacheinander hörbar und darum schwerer zu erfassen. Aber gleichwohl ist sie vorhanden, im schlichten Volkslied wie in den großen Werken unserer Meister.

Es muß noch darauf hingewiesen werden, daß unter Form nur die äußere Gestalt gemeint ist. Ein Trauermarsch kann genau so gebaut sein wie ein lebensprühender Militärmarsch; die äußere Form ist gleich, der Inhalt jedoch gänzlich verschieden.

Im folgenden können lediglich die wichtigsten musikalischen Formen kurz aufgezeigt werden.

DREITEILIGE LIEDFORM

Morgen kommt der Weihnachtsmann

An diesem Kinderlied sehen wir, daß die ersten 4 Takte genau so lauten wie die letzten (9.—12. Takt). Dazwischen steht ein Teil aus vier Takten (5—8), dessen abwärts gerichtete melodische Bewegung im Gegensatz steht zur aufsteigenden am Anfang der beiden andern Teile. Wenn wir die Takte 1—4 als A und den Mittelteil als B bezeichnen, erhalten wir die kleine dreiteilige Liedform: A B A.

Sie kann, wie in diesem Lied, je vier, also zusammen zwölf Takte, oder auch je acht, also zusammen vierundzwanzig Takte umfassen.

Die große dreiteilige Liedform ergibt sich dann, wenn die Maße größer werden, nämlich die Taktzahl nochmals verdoppelt wird. Sie besteht also für gewöhnlich aus 3 mal 16 Takten. Wir können diese Form an einem Marsch sehen, dessen erster Teil am Schluß wiederholt wird und in dessen Mitte ein Trio[1]) steht:

---

[1]) Der Name erklärt sich daraus, daß dieser Mittelteil früher nur von drei Instrumenten (2 Oboen und 1 Fagott) gespielt wurde. Bei den Außenteilen wirkten dagegen sämtliche Spieler mit. Dadurch wurde die Dreiteiligkeit auch klanglich dargestellt:

Tutti (= alle) — Trio — Tutti

A	B (Trio)	A
C-dur	F-dur	C-dur

Die dreiteilige Liedform, in der Anfang und Ende sich entsprechen, ist symmetrisch gebaut. Ihre Gestalt ist schon von Natur gegeben und hat darum eine große Bedeutung als musikalische Form.

Kleinere Stücke, die meist in dieser dreiteiligen Liedform gehalten sind und die in der Klavierliteratur häufig vorkommen, sind folgende:

B a g a t e l l e (wörtlich: eine Kleinigkeit), ein Bescheidenheitsausdruck für kleine Klavierstücke, die bei Beethoven (op. 33, 119, 126) wahre Kunstwerke sind.

B a l l a d e , ein episch erzählendes und heroisches Klavierstück (Chopin, Brahms). Den gleichen Charakter, wenn auch andere Gestaltung zeigen die Balladen für Gesang und Klavier von Löwe.

C a p r i c c i o (= Laune, sprich: kapritscho), ein Stück voll Übermut und Eigenwillen (Brahms).

H u m o r e s k e , ein humorvolles Stück (Reger).

I m p r o m p t u (sprich: ängprongptü), lateinisch: *in promptu* = in Bereitschaft; vergleiche das deutsche Lehnwort „prompt". Der momentane Einfall ist charakteristisch für diese Stücke (Schubert).

I n t e r m e z z o (wörtlich: Zwischenspiel), eine allzu anspruchslose Bezeichnung für ein kleineres Instrumentalstück (Brahms, Schumann).

M o m e n t m u s i c a l (sprich: momang müsikal), ein Tonstück, das der Eingebung des Augenblicks entsprungen ist (Schubert).

N o c t u r n e (sprich: noktürn, ital. Notturno), ein Nachtstück mit weichem, träumerischem Inhalt (Chopin).

R h a p s o d i e , ein frei gestaltetes Klavierstück (Brahms). Liszts bekannte „Ungarische Rhapsodien" dagegen sind Instrumentalphantasien, die formal mit der dreiteiligen Liedform nichts gemein haben.

R o m a n z e , ein balladenhaftes Instrumentalstück mit breiter und seelenvoller Melodik (Schumann, Brahms, Beethovens Violinromanzen).

S c h e r z o (vergleiche das deutsche Wort „Scherz"; spricht skerzo), ein übermütiges fröhliches Stück, seit Beethoven von besonderer Bedeutung.

OUVERTÜRE

Der Name kommt vom französischen Zeitwort *ouvrir* (= öffnen) und bezeichnet ein Orchesterstück, mit dem eine Oper oder ein Schauspiel eröffnet wird. Die älteren Ouvertüren stehen in der dreiteiligen Form. Man unterscheidet zwei Typen.

1. Die f r a n z ö s i s c h e O u v e r t ü r e zeigt die Folge:

langsam — schnell — langsam

Sie wurde festgelegt durch Lully (1632—1687), den Schöpfer der französischen Nationaloper. In dieser Form stehen auch die Einleitungen zu Händels Opern. Daraus erklärt sich auch, daß Mozarts Ouvertüre zur „Zauberflöte" mit einem langsamen Satz beginnt.

2. Die italienische Ouvertüre hat die Sätze:

schnell — langsam — schnell.

Als erster hat diese Satzfolge aufgestellt der Meister der neapolitanischen Oper, A. Scarlatti (1660—1725). Diesen italienischen Typ zeigen die Ouvertüren von Gluck, auch Mozarts Ouvertüre zu dem Singspiel „Die Entführung aus dem Serail".

RONDO

Die dreiteilige Liedform hat nur e i n e n Mittelsatz. Wenn nun statt des einen Zwischensatzes zwei oder drei erscheinen, dann ergibt sich die Rondoform:

A B A C A D A

Das Rondothema — Rondo bedeutet ja Rundgesang — erscheint immer wieder nach jedem Zwischensatz. Zum Rondothema, das meist sehr beschwingt ist, bilden diese Zwischensätze eine Fortführung oder einen Gegensatz. Die tonartliche Gliederung der Rondoform ist im allgemeinen folgende:

z. B. bei einem Rondothema in C-dur:	A	B	A	C	A	D	A
	Tonika	Parallele	Tonika	Dominante	Tonika	Subdom.	Tonika
	C-dur	a-moll	C-dur	G-dur	C-dur	F-dur	C-dur

Die Schlußsätze der Sonaten und Symphonien[1]) stehen sehr oft in der Rondoform.

VARIATIONEN

Die Variationenform ist eine seit alters beliebte und von allen großen Meistern gepflegte Form. Man unterscheidet zwei Arten:

1. O r n a m e n t a l e V a r i a t i o n e n, bei denen die melodische Linie in immer neuer Weise durch Figuren, Ornamente und Passagen ausgeziert wird (Haydn und Mozart).

2. C h a r a k t e r v a r i a t i o n e n, in denen das Thema immer wieder zu etwas Neuem umgestaltet wird, das einen andern Charakter trägt. Ein Meisterwerk dieser Gattung ist Beethovens op. 120, „33 Veränderungen über einen Walzer von Diabelli".[2])

---

[1]) Über sie vergleiche unten die zyklische Form der Sonate.
[2]) Eine dritte, kontrapunktische Art wird weiter unten S. 112 bei den polyphonen Formen kurz erwähnt.

SUITE[1])

Die beliebteste und wichtigste Form in der Klaviermusik des siebzehnten und achtzehnten Jahrhunderts ist die Suite (= Folge). Wie schon der Name sagt, besteht sie aus einer „Folge" von verschiedenen Tänzen. Die klassische Suite, die seit der Mitte des siebzehnten Jahrhunderts ausgebildet ist, zeigt folgende Tänze:

Allemande, Courante, Sarabande, Gigue.

Diese Tänze stehen meist in der großen zweiteiligen Liedform: A B. Wenn sie auch formal gleich gebaut sind, so unterscheiden sie sich doch wesentlich im Takt, Tempo und Rhythmus. Darum genügen bei jedem Tanz kurze Angaben über diese Merkmale:

Allemande (= deutscher Tanz), meist $\frac{4}{4}$ und Auftakt, mäßig bewegt.

Courante (= Lauftanz), $\frac{3}{4}$ oder $\frac{3}{2}$ oder $\frac{6}{4}$ und Auftakt, lebhaft, häufig punktierter Rhythmus: ♩ | ♩. ♪ ♫♩ und Verschiebung der Taktakzente.

Sarabande (altspanischer Tanz), $\frac{3}{4}$ oder $\frac{3}{2}$, langsam und feierlich breit mit dem typischen Rhythmus: ♩ ♩. ♪ | ♩ ♩ .

Gigue (altenglischer Solotanz, sprich: Schig, ital. Giga), $\frac{6}{8}$ oder $\frac{9}{8}$ oder $\frac{12}{8}$, sehr lebhaft, gleichsam ein Perpetuum mobile. Sie hat, wie schon oben vermerkt, zwei Teile; im zweiten Teil erscheint das Thema in der Umkehrung.

Beachte den Wechsel der aufeinanderfolgenden Tempi (Moderato, Allegro, Adagio, Vivace) und den rhythmischen und kontrapunktischen[2]) Höhepunkt des Schlußsatzes.

Diese klassische Suitenform wird außerdem sehr oft erweitert durch das Einschieben anderer Tänze. Solche Intermezzi (= Zwischenspiele), wie diese Tanzeinlagen genannt wurden, stehen häufig am Schluß vor der Gigue. Zuweilen wird die Suite auch durch eine Sinfonia, Fantasia oder ein Prélude[3]) eingeleitet. Die bekanntesten Tänze, die eingeschaltet werden, sind folgende:

Gavotte, ₵ und Auftakt von zwei Vierteln, mäßig bewegt. Manchmal folgt noch eine zweite Gavotte, die als

Musette (sprich: müsätt), mit einer liegenden Stimme ähnlich wie beim Dudelsack, erscheint. Die erste Gavotte wird dann wiederholt, so daß die Musette als Mittelsatz wie ein Trio wirkt.

---

[1]) Der italienische Name ist Partita = ein Stück aus verschiedenen Teilen. Vergleiche die Partiten von J. S. Bach. Andere Bezeichnungen sind: Kassation, Divertimento (Mozart).
[2]) Über diese Schreibweise siehe unten S. 111 ff.
[3]) Diese drei Formbegriffe sind in der alten Musik im ursprünglichen Wortsinn gemeint: Sinfonia = mehrstimmiges Stück, Fantasia = improvisiertes Stück im freien Satz, Prélude (sprich: prelüd) = Vorspiel. Mit den in unserer heutigen Musik gebrauchten gleichnamigen Stücken haben sie wenig gemein.

Menuett, $\frac{3}{4}$, Tempo nicht rasch, zierlicher Rokokotanz, oft mit einem Trio.

Bourrée (sprich: burreh), ₵ mit Auftakt, lebhaft, Rhythmus 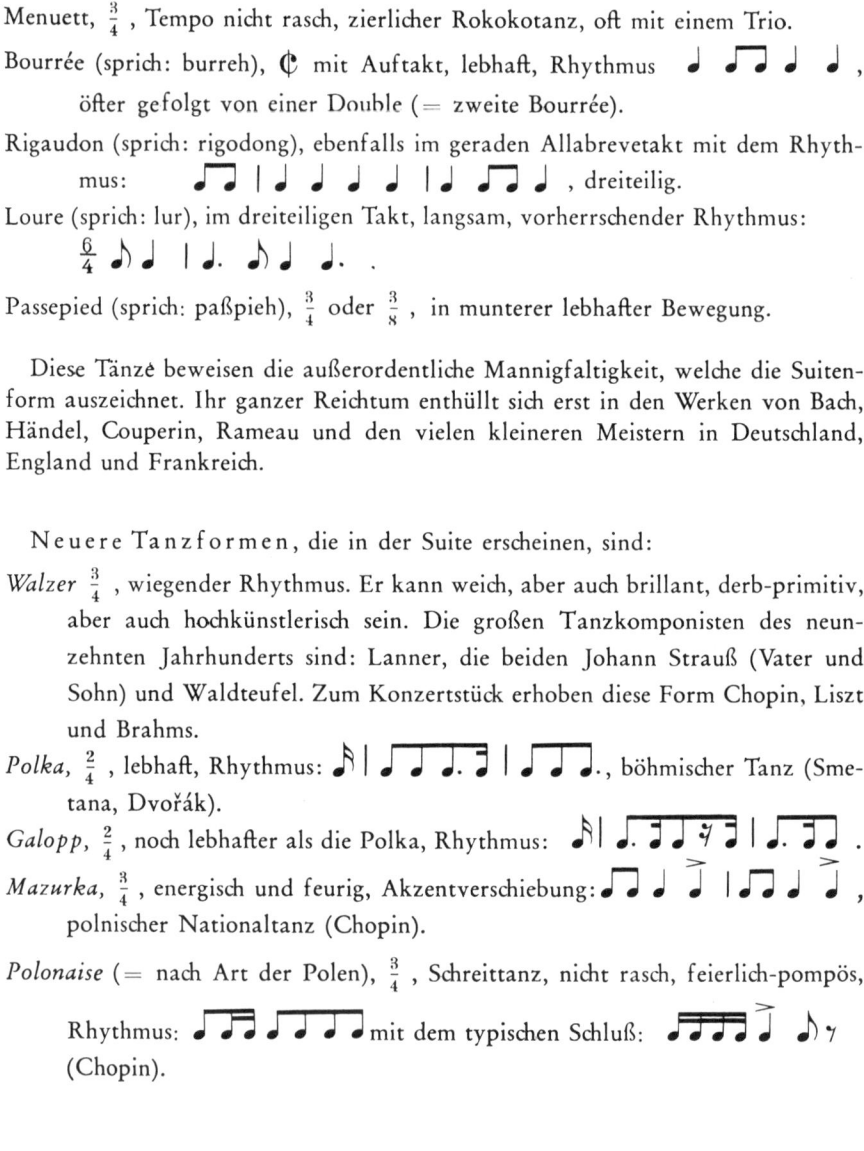 ,
öfter gefolgt von einer Double (= zweite Bourrée).

Rigaudon (sprich: rigodong), ebenfalls im geraden Allabrevetakt mit dem Rhythmus: , dreiteilig.

Loure (sprich: lur), im dreiteiligen Takt, langsam, vorherrschender Rhythmus: $\frac{6}{4}$.

Passepied (sprich: paßpieh), $\frac{3}{4}$ oder $\frac{3}{8}$, in munterer lebhafter Bewegung.

Diese Tänze beweisen die außerordentliche Mannigfaltigkeit, welche die Suitenform auszeichnet. Ihr ganzer Reichtum enthüllt sich erst in den Werken von Bach, Händel, Couperin, Rameau und den vielen kleineren Meistern in Deutschland, England und Frankreich.

Neuere Tanzformen, die in der Suite erscheinen, sind:

Walzer $\frac{3}{4}$, wiegender Rhythmus. Er kann weich, aber auch brillant, derb-primitiv, aber auch hochkünstlerisch sein. Die großen Tanzkomponisten des neunzehnten Jahrhunderts sind: Lanner, die beiden Johann Strauß (Vater und Sohn) und Waldteufel. Zum Konzertstück erhoben diese Form Chopin, Liszt und Brahms.

Polka, $\frac{2}{4}$, lebhaft, Rhythmus: ., böhmischer Tanz (Smetana, Dvořák).

Galopp, $\frac{2}{4}$, noch lebhafter als die Polka, Rhythmus: .

Mazurka, $\frac{3}{4}$, energisch und feurig, Akzentverschiebung: ,
polnischer Nationaltanz (Chopin).

Polonaise (= nach Art der Polen), $\frac{3}{4}$, Schreittanz, nicht rasch, feierlich-pompös,
Rhythmus: mit dem typischen Schluß:
(Chopin).

Tango, $\frac{4}{8}$, langsam, Rhythmus: ♫♩♫♩ Der Argentino ist ursprünglich langsamer als die Milonga.

Blues (sprich: bluhs), $\frac{4}{4}$ oder ₵, langsamer Foxtrott, „blaues" Lied, Melodie von träumerischer Stimmung, sentimentales Tanzlied.

Boston, $\frac{3}{4}$, getragen, Begleitrhythmus wie beim Wiener Walzer.

Foxtrott, $\frac{4}{4}$ oder ₵, Andante con moto, Rhythmus: ♪♩ ♪♩ ♩ | ♫♩ ♩ ♩ marschartig mit Betonung des dritten Viertels.

Slow-Fox, $\frac{4}{4}$, langsamer Foxtrott.

Charleston, $\frac{4}{4}$ oder ₵ , mittleres Tempo mit dem typischen Begleitrhythmus:
♩ ♪ ♩ ♩ |

Black-Bottom, ₵, Allegretto, Rhythmus: ♩ ♪ ♪♩ ♪ | ♩

Shimmy, $\frac{2}{4}$ oder $\frac{4}{4}$, mittleres Tempo.

Diese Tänze kommen aus Amerika, wo sie sich seit etwa 1910 aus Elementen von Negergesängen (Negro-spirituals) und amerikanischer Musik entwickelten. Sie werden zusammengefaßt unter dem Namen J a z z (sprich: dschäss). Da die Synkopierung für alle diese Tänze typisch ist, nennt man den Jazz in Amerika *syncopated music.*[1]) Die Musik, bei der die Taktschwerpunkte beachtet werden, gehört zur *music in straight time.*[2]) Vorläufer des Jazz waren die verbreiteten *Ragtimes.*[3])

Wesentlich für die Jazzkapellen sind die Saxophone, die beim Vortrag der Melodien durch Glissando und starkes Vibrato auffallen; dazu gehört auch das Banjo (afrikanische Gitarre) und sehr viele andere Schlaginstrumente. Im Vergleich mit unserer traditionellen Musik ist die Harmonik sehr frei. Zwischen synkopierter Melodie und dem starren Begleitrhythmus ergibt sich eine Art von Polyrhythmik. Die freien Improvisationen *(breaks)*[4]) spielen eine bedeutende Rolle.

Paul Whiteman erweiterte die kammermusikalische Jazzband mit improvisierenden Spielern zu einem ganzen Jazzorchester.

Die Kunstmusik empfing durch den Jazz Anregungen vor allem rhythmischer Art.[5])

George Gershwin schrieb eine Jazzoper („Porgy and Bess").

[1]) Sprich: sinkepeited mjusik.
[2]) Sprich: mjusik in streit taim (wörtlich: Musik in gerader Zeit).
[3]) Sprich: rägtimes (wörtlich: gerissene Zeit).
[4]) Wörtlich: Bruch, nämlich Unterbrechung. Sprich: breiks.
[5]) Vergleiche u. a. Werke folgender Komponisten: Milhaud, Strawinsky, Hindemith, K. Weill, Křenek.

SONATE

Der Ausdruck Sonate, der sich vom lateinischen Zeitwort *sonare* (= tönen) herleiter, bezeichnet ein Instrumentalstück. Er steht im Gegensatz zur Kantate (vom lateinischen Wort *cantare* = singen), worunter man ein Stück zum Singen versteht.

1. Die zyklische[1]) (= mehrsätzige) Form der Sonate.

Die klassische Sonate besteht in der Regel aus vier Sätzen: Allegro — Adagio — Scherzo oder Menuett — Allegro.

Das Scherzo wurde durch Beethoven eingeführt; bei Haydn und Mozart steht ein Menuett als dritter Satz. Aber auch Beethoven hat das Menuett noch in seinen Frühwerken verwendet.[2])

Der erste und vierte Satz, die sogenannten Ecksätze, stehen immer in der gleichen Tonart, die Mittelsätze dagegen in verwandten Tonarten.

Vorläufer dieser klassischen Sonate sind: Die Kammersonate (Sonata da Camera), die aus einer Folge von Tänzen besteht. Ferner die Kirchensonate (Sonata da chiesa), die meist vier Sätze hat: Langsam, Schnell, Langsam, Schnell. Die beiden langsamen Sätze sind arios (gesanglich, liedartig) oder hymnisch, der erste und dritte Satz dagegen sind fugiert oder polyphon[3]) Schließlich die Triosonate, welche für drei Instrumente, zwei Violinen und Violoncello, geschrieben ist, wobei auf dem Klavier die Akkorde ergänzt werden. Meister dieser alten Sonatenform sind: Corelli, Caldara, Dall' Abaco, Legrenzi, Vitali.

2. Die Sonatenform.

Die Sonatenform ist dreiteilig:

a) Exposition[4]), b) Durchführung, c) Reprise. [5])

a) Die **Exposition** bringt die Aufstellung der Themen. Das Hauptthema steht in der Tonika; sodann folgt eine Überleitung zur Dominante. In dieser Tonart stehen das Seitenthema und das allenfalls vorhandene Schlußthema. Das Seitenthema weist einen andern Charakter auf als das Hauptthema; vielfach ist es gesanglich. Die Exposition schließt in der Dominante.

b) Die **Durchführung** bringt eine Verarbeitung des thematischen Materials, wobei auch häufig in ferner liegende Tonarten moduliert wird. Am Schluß der Durchführung wird zur Tonika zurückgekehrt.

c) Die **Reprise** beginnt in der Tonika und nimmt die Exposition wieder auf. Nunmehr erscheinen aber das Seiten- und Schlußthema nicht in der Dominante, sondern in der Tonika. Dadurch ist es möglich, daß die Reprise in der Haupttonart schließt.

[1]) Zyklus (wörtlich = Kreis) bedeutet eine Reihe von Sätzen, die eine Einheit bilden und zusammengehören. Das davon abgeleitete Eigenschaftswort zyklisch bedeutet soviel wie mehrsätzig.
[2]) In den Klaviersonaten op. 2 Nr. 1, op. 10 Nr. 3, op. 22, ferner in der ersten und vierten Symphonie.
[3]) Siehe die folgende Seite.
[4]) Vom lateinischen Hauptwort *expositio* = Darstellung oder Aufstellung.
[5]) Dieses französische Wort bedeutet: Wiederaufnahme, hier in der Sonatenform: die Wiederholung der Exposition.

Der erste Satz der klassischen Sonate steht fast immer, der vierte Satz manchmal in dieser dreiteiligen Sonatenform.

Die Sonatine (= kleine Sonate) hat die gleiche Struktur wie die Sonate, nur in kleinerem Maßstab. Auch die Symphonie weist den selben formalen Bau wie die Sonate auf. Entsprechend den reichen Klangmöglichkeiten, die sich bei einem großen Orchester ergeben, sind die Dimensionen der einzelnen Teile wesentlich größer als bei einer Sonate.

Schema der Sonatenform

Exposition

‖: Hauptthema — *Überleitung zur Dominante* —
    Tonika

                     Seitenthema — Schlußthema :‖
                     Dominante   Dominante

Durchführung

‖ Freie Fantasie über die Themen oder Motive aus diesen Themen
    in verschiedenen Tonarten
                               — *Rückleitung zur Tonika* |

Reprise

| Hauptthema — *Überleitungssatz* —
   Tonika   ohne Modulation zur
             Dominante
               Seitenthema — Schlußthema, Coda ‖
               Tonika   Tonika

POLYPHONE FORMEN

1. Homophon und polyphon.[1]

Die bei einer Komposition angewandte Schreibweise oder Satztechnik kann homophon oder polyphon sein. Sie ist homophon, wenn eine Melodie akkordisch begleitet wird. Dabei bildet die Melodie die Hauptstimme, der alle anderen Stimmen untergeordnet sind. Die Hauptstimme — sie liegt in der Regel im Sopran — bildet eine melodische Linie, die Nebenstimmen werden zu Akkorden zusammengefaßt, die somit vertikal gebaut sind und gehört werden.

Der polyphone Satz dagegen kennt die Unterscheidung von Hauptstimmen und Nebenstimmen nicht: jede Stimme nimmt am melodischen Leben teil und ist selbständig. Die Polyphonie darf nicht akkordisch-vertikal aufgefaßt, sondern muß linear-horizontal gehört werden.

Bei der homophonen Schreibweise bedient sich der Komponist nur der Mittel, die ihm die Harmonielehre bietet. Der polyphone Satz jedoch richtet sich in erster Linie nach den Gesetzen des Kontrapunkts.[2]

---

[1] Diese Ausdrücke stammen aus der griechischen Sprache: homophon = gleichstimmig; polyphon = vielstimmig.

[2] Das Wort ist entstanden aus dem lateinischen *punctum contra punctum* = Note gegen Note. Man versteht darunter die Kunst, Stimmen melodisch selbständig zu führen, ohne daß der Zusammenklang leidet.

2. Imitation oder Nachahmung.

Wenn ein Motiv oder Thema einer Stimme (etwa des Soprans) in einer andern Stimme (etwa im Tenor) wieder erscheint, so nennt man diese Wiederkehr Imitation oder Nachahmung. Die Imitation ist streng, wenn sie Note für Note erfolgt; sie ist frei, wenn das Thema dabei verändert wird. Das ursprüngliche Motiv oder Thema kann auch in der Vergrößerung, Verkleinerung oder in der Umkehrung auftreten.[1] Ein Beispiel dafür bietet die erste der zweistimmigen Inventionen von J. S. Bach. Das Anfangsmotiv erscheint schon im dritten Takt in der Umkehrung und die vier ersten Noten in der Vergrößerung:

Motiv

umgekehrt

vergrößert

Die Imitation ist das bedeutendste Mittel des polyphonen Stils.

KONTRAPUNKTISCHE VARIATIONEN, PASSACAGLIA[2]) UND CIACONA[3])

Zahlreiche kontrapunktisch gearbeitete Variationen über Kirchenlieder sind uns erhalten von den Orgel-Komponisten vor Bach, von Pachelbel, Böhm, Buxtehude und andern. Bach selber schrieb Orgelvariationen über „Vom Himmel hoch" und für Cembalo die Goldbergvariationen.

In der Passacaglia erscheint über einem Basso ostinato[4]) — er umfaßt meist vier oder acht Takte — eine Variationenreihe.[5])

Auch für die Ciacona ist der Basso ostinato mit einer sich darüber entwickelnden Variationenkette charakteristisch. Sie unterscheidet sich nur dadurch von der Passacaglia, daß der ostinate Baß verändert werden[6]) und auch in der Oberstimme liegen kann.

---

[1]) Die lateinischen Ausdrücke dafür lauten: *per augmentationem, per diminutionem* und *inverse*.

[2]) Sprich: paßakálja.

[3]) Sprich: tschakóna; französisch Chaconne (sprich: schakónn).

[4]) Wörtlich: hartnäckiger (nämlich unverändert durchgehaltener) Baß.

[5]) Berühmte Beispiele sind die c-moll-Passacaglia für Orgel von Bach und der Schlußsatz der vierten Symphonie von Brahms, der die Form einer Passacaglia hat.

[6]) J. G. Walther bemerkt in seinem „Musikalischen Lexikon" 1732 über die Ciacona: „Es kann auch das Baß-Subjectum selbst diminuiret und verändert werden." Vergleiche von Buxtehude die Ciacona in e-moll (bei Straube: Alte Meister des Orgelspiels).

KANON

Die strengste Form der Polyphonie ist der Kanon.[1]) Er entsteht dadurch, daß alle Stimmen nacheinander die gleiche Melodie haben. Bekannt und beliebt sind die Singkanons (Singrädlein) im Einklang und in der Oktav. Die streng kanonische Imitation kann aber auch auf jedem anderen Intervall erfolgen: der Ober- oder Untersekund, der Ober- oder Unterterz und so fort bis zur Septim. Wenn ein zweistimmiger Satz kanonisch weitergeführt wird, ergibt sich ein Doppelkanon:

Auch bei der kanonischen Nachahmung ist die Vergrößerung, Verkleinerung und Gegenbewegung möglich. Klassische Beispiele sind in Bachs Goldbergvariationen zu finden.

FUGE

Die Fuge ist die wichtigste aller Formen des polyphonen Stils. Im Gegensatz zur Sonate entwickelt sich die Fuge aus einem einzigen Thema. Das Fugenthema wird *dux* (= Führer) genannt; es wird in der Quint beantwortet, und diese Antwort heißt *comes* (= Gefährte). In der Regel zeigt die Fuge folgenden formalen Aufbau:

a) Die Exposition.

In ihr erfolgen die ersten Einsätze aller Stimmen, wobei Thema und Antwort wechseln. Wenn in einer vierstimmigen Fuge der Sopran mit dem Thema *(dux)* beginnt, dann bringt der Alt in der Dominante die Antwort *(comes)*, zu der im Sopran ein Kontrapunkt (Gegensatz) erscheint. Der Tenor setzt wiederum mit dem Dux in der Tonika ein; ihm folgt der Baß mit dem Comes in der Dominante. Der Gegensatz kann gleich bleiben und sich immer mit dem neu einsetzenden Thema verbinden, oder er kann jeweils eine neue melodische Gestalt annehmen.

b) Die Durchführung.

Sie bildet den modulierenden Teil der Fuge. Um die Einförmigkeit, die aus der Wiederholung des Themas in der Haupttonart entstehen könnte, zu vermeiden, erscheint das Thema auch in andern Tonarten.

[1]) Lehnwort aus dem Griechischen mit der Bedeutung: Richtschnur, Regel.

c) Der Schlußteil.

In ihm erfolgen die Einsätze wiederum in der Haupttonart. Manchmal wird Engführung[1]) angewendet und die Fuge mit einem Orgelpunkt[2]) auf der Tonika abgeschlossen.

Zwischenspiele, die aus Motiven des Themas gebildet sein können, verbinden die Hauptteile der Fuge und die tonalen Gruppen der Durchführung.

Eine Fuge mit zwei Themen wird Doppelfuge, eine mit drei Themen Tripelfuge genannt. Fughetta ist eine kleine Fuge. Unter Fugato versteht man ein kleineres Tonstück, das im fugierten Stil geschrieben ist, ohne sich an die Gesetze der Fugenform zu binden.

Schema einer vierstimmigen Schulfuge

Exposition

Durchführung

Schlußteil
(wiederum in der Tonika)
Engführung

---

[1]) Diese entsteht dann, wenn die Antwort *(comes)* in einer Stimme einsetzt, bevor das Thema *(dux)* in einer andern Stimme beendigt ist.
[2]) Über einem ruhenden tiefen Baßton (Orgelpedal) bewegen sich die andern Stimmen.

Verzeichnis fremdsprachiger Fachausdrücke

a, al, alla	in, zu
a cappélla	für Gesangschor ohne Instrumente (cappella = Vokalkapelle)
accelerando (sprich: atschele-rándo; abgekürzt acc.)	beschleunigend
Accompagnement (sprich: akompanjemáng)	Begleitung
ad	zu
Adagio (sprich: Adádscho)	ruhig
ad líbitum (ad lib.)	nach Belieben
affettuóso	mit Affekt, mit Ausdruck, mit Gefühl
Agitato (sprich: adschitáto)	bewegt
Air (sprich: är)	Lied, auch liedartiger Instrumentalsatz
al fine	bis zum Ende
alla marcia (sprich: mártscha)	im Marschtempo
allargándo	breiter werdend
Allegretto	langsamer als Allegro
Allegro	schnell
amábile	lieblich
Andante	gehend
Andantíno	etwas ruhiger als Andante
ánima	Seele; con anima mit Wärme, beseelt
animáto	lebhaft
appassionáto	leidenschaftlich
arco	Bogen; coll'arco mit dem Bogen
Arie	Gesangsnummer aus einer Oper
arióso	gesanglich
Arrangement (sprich: arangschmáng)	Einrichtung eines Orchesterstückes für eine andere Besetzung als die ursprüngliche
assai	sehr
attacca (sprich: atáka)	greife an, falle ein, das heißt: der folgende Satz ist ohne Pause anzufügen
Barcaróle	Schifferlied
battúta	Schlag, Taktschlag
ben	gut; ben legato = gut gebunden
Berceuse (sprich: bärßös)	Wiegenlied
bis	zweimal
Bicínien	Zwiegesänge
brillante	glänzend
brio; con brio	Feuer; mit Feuer
buffo	komisch; opera buffa = komische Oper
burlesco (sprich: burläsko)	lustig

calándo	langsamer und schwächer werdend
cantábile	gesanglich
cantándo	singend
Cantiléne	gut sangbare Melodie
Canto	Gesang
Cantus firmus (abgek.: c. f.)	Haupt- und Melodiestimme in alten mehrstimmigen Sätzen
Capriccio (sprich: kaprítscho)	franz. Caprice (sprich: kapríß), ein übermütig-eigenwilliges Stück
Cäsur	Einschnitt
Cavatíne	kürzere Arie, arioser Instrumentalsatz
Coda	Anhang
col (coll') oder con	mit
cómodo	bequem
concérto grosso (sprich: kontscherto)	Orchesterkonzert mit Wechsel zwischen dem ganzen Orchester (ripíeno) und den Solisten (concertíno)
crescendo (sprich: kreschéndo; abgekürzt cresc.)	stärker werdend
da capo	vom Anfang (wörtlich Haupt) an nochmals
decíso (sprich: detschíso)	bestimmt, entschieden
decrescendo (sprich: dekre-schéndo; abgekürzt decresc.)	schwächer werdend
deficiendo	abnehmend
delicáto	geschmackvoll
destra	rechte (Hand); franz. droite (sprich: droát)
Diésis (sprich: diäsis)	Kreuz, chromatische Erhöhung
Dilettánt	Liebhaber (Gegensatz: Kenner)
diminuéndo (abgek. dim.)	vermindernd
divísi	geteilt
Dodekaphoníe	(griech.) Zwölfklang, Zwölftonmusik (d. h. Musik mit Themen, die alle zwölf Töne der Tonleiter enthalten)
dolce (sprich: dóltsche)	sanft, lieblich
dolénte	klagend
doloróso	schmerzlich
due, a due	zwei, zu zweit
Ecossaise (sprich: ekossäs)	schottischer Tanz
Elegie (sprich: elegíh)	Trauergesang
eleváto	erhaben
energico (sprich: enérdschiko)	energisch, entschlossen
Ensemble (sprich: Angsámbl)	Gesamtheit aller Beteiligten bei einer musikalischen Aufführung
eróico	heroisch, heldenhaft
espressivo, con espressióne	ausdrucksvoll, mit Ausdruck

estínto	erloschen, äußerstes pianissimo
facile (sprich: fátschile)	leicht
feroce (sprich: ferótsche)	wild
festívo	festlich, feierlich
fine	Ende
flautándo	flötenartig
flébile	weinerlich, wehmütig
forte, fortissimo	stark; sehr stark
forza (sprich: forza); con tutta forza	Kraft; mit aller Kraft
funébre	traurig, düster
fuóco; con fuoco	Feuer; mit Feuer
furióso	wütend
Gagliarda (sprich: galiárda)	franz. Gaillarde (sprich: gaijárd), schneller Tanz im $^3/_4$ Takt nach der Paváne
giocoso (sprich: dschokóso)	scherzend, spaßhaft
giusto (sprich: dschústo)	richtig, angemessen
glissándo	gleitend
Gondoliéra	Gondellied
Grave	schwer
grazióso	anmutig
impetuóso	ungetüm
Improvisation	Stegreifspiel, freie Fantasie
infernále	höllisch, teuflisch
innocente (sprich: innotschénte)	unschuldig, einfach
Interlúdium	Zwischenspiel
Intráde	Eröffnungsstück
Introduktión	Einleitung
iráto, con ira	zornig; mit Zorn
istésso	der selbe (l'istesso tempo, das selbe Tempo)
Kakophoníe	Mißklang
Kanzóne	Gesang, Lied, liedartiges Instrumentalstück
Koloratúr	Verzierung beim Gesang (Koloraturgesang)
lagrimóso	tränenvoll
lamentóso	klagend
Larghetto	weniger breit als Largo
Largo	breit
legáto	gebunden
leggiero (sprich: ledschäro)	leicht, duftig
Lento	langsam
Librétto	Textbuch zu einer Oper
lúgubre	traurig, klagend
lusingándo	einschmeichelnd, lieblich, gefällig
ma	aber

ma non troppo	aber nicht zu sehr (Allegro, ma non troppo = lebhaft, aber nicht zu sehr)
Madrigál	weltlicher acappella-Chor des sechzehnten Jahrhunderts im homophonen Stil
maëstóso	majestätisch
maggiore (sprich: madschóre)	italienischer Name für Dur
majeur (sprich: maschör)	französischer Name für Dur
mancándo	langsamer und schwächer werdend
manuáliter	nur für Manual (ohne Pedal)
marcáto	hervorgehoben
marciale (sprich: martschále)	marschmäßig
marziale (sprich: marziále)	kriegerisch
martelláto	gehämmert
m. d. = mano destra (ital.)	rechte Hand; franz.: main droite (sprich: mäng droát)
meno	weniger
meno forte	weniger stark
Mensur	Maß, Maßverhältnisse bei Instrumenten
mesto	traurig
mezza voce (sprich: wotsche)	mit halber Stimme
mezzopiano, mezzoforte	halbleise; halbstark
m. g. = main gauche (franz.; sprich: mäng gohsch)	linke Hand
mineur (franz.; sprich: minör)	kleine Terz, Moll
minóre (ital.)	kleine Terz, Moll
misterióso	geheimnisvoll
M. M.	Abkürzung für Mälzels Metronom
Moderáto	mäßig
molto	viel; Allegro molto = sehr schnell
moréndo	ersterbend
mosso	bewegt
Motétte	3-8stimmiger geistlicher acappella-Chor im polyphonen Stil
m. s. = mano sinistra (ital.)	linke Hand
muta	ändern, umstimmen! (zum Beispiel die Pauke)
non	nicht
non legáto	nicht gebunden
o, ossía	oder
obligát	eine wesentliche Stimme, auf die nicht verzichtet werden kann (Gegensatz: ad libitum)
opus	Werk (Mehrzahl: opera)
Paraphráse (griech.)	freie Bearbeitung eines gegebenen Tonstückes
parlándo	sprechend, mehr gesprochen als gesungen
passionáto	leidenschaftlich

pastoróle	ländlich
patético	pathetisch, erhaben; franz. pathétique (sprich: patetík)
perdéndosi	sich verlierend
pesánte	schwer
piacére (sprich: piatschäre)	Belieben; a piacere = nach Belieben
piacévole (sprich: piatschäwole)	gefällig, anmutig
piano, pianissimo	leise; sehr leise
più	mehr (più allegro = schneller)
pizzicáto (gekürzt: pizz.)	gezupft
placido (sprich: plátschido)	ruhig
poco	wenig; poco a poco = nach und nach
poi	sodann, darauf
pompóso	pomphaft, prächtig
ponticello (sprich: pontitschéllo)	Steg bei Saiteninstrumenten; sul ponticello = nahe am Steg
portaménto	Verbindung zweier Töne durch Gleiten (glissando)
portáto	getragen; Töne weich anspielen, aber nicht binden; eine Spielart zwischen staccato und legato
possíbile	möglich
Presto, prestíssimo	eilig; so schnell wie möglich
prima vista	(wörtlich: erster Blick) vom Blatt spielen
prima volta	das erste Mal
quasi	gleichsam
quieto	ruhig
rallentándo (abgekürzt rall.)	verzögernd
rápido	schnell
religióso (sprich: relidschoso)	andächtig
réplica	Wiederholung
Rezitatív	Sprechgesang im Gegensatz zur gesungenen Arie. Man unterscheidet: das *Secco-Rezitativ* (trockenes R.), dem nur schlichte Cembalo- beziehungsweise Klavier-Akkorde unterlegt sind, und das *Recitativo accompagnato* (sprich: retschitatívo akompanjáto), das vom Orchester begleitet wird.
rigoróso	streng
rilasciando (sprich: rilaschándo)	nachlassend, etwas langsamer werdend
rinforzándo	(gekürzt rf oder rfz) stärker werdend, starkes Crescendo
risolúto	entschlossen
ritardándo (abgekürzt rit.)	verlangsamend
ritenúto (abgekürzt riten.)	zurückgehalten

rubáto	(wörtlich: geraubt), tempo rubato = freies Tempo, nicht streng im Takt
rústico	ländlich
scherzando (sprich: skerzándo)	scherzend, heiter
seconda volta	das zweite Mal
segno (sprich: sénjo)	Zeichen; dal segno = vom Zeichen an
segue (sprich: ségwe)	es folgt
semplice (sprich: sémplitsche)	einfach
sempre	immer
senza	ohne
serióso	ernst; opera seria = ernste, große Oper
sforzáto	(gekürzt: sf oder sfz) stark hervorheben
símile	ähnlich
slentándo	verlangsamend
smorzándo	ersterbend; langsamer und schwächer
soáve	sanft
Soli	(Mehrzahl von Solo) Einzelstimmen
sonóro	klangvoll
sordíno	Dämpfer; con sordino = mit Dämpfer
sostenúto	gehalten
sotto voce (sprich: wótsche)	mit gedämpfter Stimme
spiccáto	deutlich abgesetzt (Spielart bei Streichern)
staccáto	gestoßen
stesso	siehe istesso
strepitóso	lärmend
Stretta	(wörtlich: gedrängt) sehr lebhafter Schlußteil
stringendo (sprich: strindschéndo; abgekürzt string.)	vorwärts drängend
súbito	plötzlich
tacet (lat.; sprich: tázet)	schweigt, pausiert
tanto	viel, sehr; non tanto = nicht sehr
tenúto (abgekürzt: ten.)	gehalten
Toccáta	(vom ital. Zeitwort *toccare* = anrühren) freistimmige, meist virtuose Phantasie für Orgel oder Klavier, wobei Läufe und Akkorde miteinander wechseln
tranquíllo	ruhig
Transkription	(wörtlich: Umschreibung) die Einrichtung eines Stückes für eine andere als die ursprüngliche Besetzung
transponíeren	in eine andere Tonart übertragen
Trémolo	Bebung
troppo	zu viel; ma non troppo = aber nicht zu viel

tutti	alle (Gegensatz: solo)
una corda	(wörtlich: eine Saite) linkes Pedal des Klaviers niederdrücken
unísono	Einklang, einstimmig
veloce (sprich: welótsche)	rasch
Vibrato	Bebung
vi-de	(wörtlich: siehe) die zwischen vi- und -de liegenden Takte können übersprungen werden
vivace (sprich: wiwátsche)	lebhaft
vivo	belebt
volánte	fliegend

Sachregister

124